每個生命
都是一顆璀璨的星

張瑞彬　著

U0152235

> 一個人中有兩個我，
>
> 一個在黑暗中醒著，
>
> 一個在光明中睡著。

自序

講真心話，我從未想過自己有一天會寫書，尤其是在這樣一個「世人皆明星」的網紅時代。我擔心一不小心便會掉入自我虛榮的陷阱，既浪費大家的寶貴時間，又使自己活在虛假的幻覺中。

但是，我為何又會出現寫書的念頭呢？我順著這個問題追根溯源。

作為芸芸眾生中的一名 nobody，我深知自己沒有任何能夠給到在這個時代人家迫切追求成功所需要的東西。甚至，我的見解大都與當下的主流價值觀相悖。但每每當我看到很多人都和曾經的我一樣，正在經歷痛苦與掙扎時，內心就總有一個聲音在問：「你能不能為他們做些什麼？」

「我能不能為那些正在備受心靈煎熬的人們做些什麼？」這個問題，我思考了很久。

記得在看完麥克‧辛格所著的《覺醒的你》之後的第三天，我經歷了一次非常神奇的體驗。

那天傍晚，先生在廚房準備晚餐，我在跟他分享讀書感悟。突然間，我感到身體裡從四面八方湧來一股能量並聚集在胸口的位置，那種能量強大到像一個被瞬間壓縮成的鉛球一般壓住我，然後又瞬間向四面八方消散得無影無蹤。整個過程大概只有三四秒鐘的樣子，我還沒來得及反應是怎麼一回事，它就消失了。接著，我感到身體前所未有的輕盈。

　　我當時並沒有意識到究竟發生了什麼，整個過程，沒有像影視劇中呈現的情節那樣誇張——沒有瞬間的石化，更沒有雙腳離地出現失重的超然現象，但那種內在體驗卻完全不亞於影視劇中那種特效帶來的衝擊。過了一小會兒，我才明白——幾十年來，積聚在我身體裡所有那些未能通過的黑暗能量，就在那頃刻之間，像電流一樣經過了我的身體，終於離開了。

　　在那之後，不僅我的身體變得輕盈、心情豁然開朗，就連我的性格也發生了極大的轉變。我意識到，宇宙終於為我開啟了一扇窗，只要我推開這扇窗並一直沿著宇宙的指引走下去，就能找到屬於自己的生命之光。

　　就在這個契機下，曾經所有傷害過我的人，和令我痛苦與掙扎的事，都如雲煙一樣消散得一乾二淨。當我再次回憶起它們的時候，沒有了厭惡、憤怒和憎恨，只有平靜與感恩。我開始覺得每一件事物都很可愛，每一天都很美好。我從未像現在這樣每天充滿能量與活力，內心湧動著愛與喜悅。

　　我在想，「僅僅只是那本書改變了我嗎？」

　　——是，但也不是。

　　說「是」，是因為質變的確是在讀完那本書的契機下發

生的；說「不是」，是因為沒有什麼會憑空發生。所有曾經的過往與經歷、困苦和掙扎、堅持與努力、讀過的書與悟到的理，都為那一刻的發生做好了準備。

也正是這個契機，讓我突然意識到我的確需要做點兒什麼。

我曾是一個非常自卑、毫無存在感到病態的人。我從小在一個充斥著恐懼與擔憂的原生家庭長大。十二歲父母離異後，我便與患有多重人格障礙的母親一起生活。九十年代初的偏遠小城市裡，人們對精神心理學沒有任何認知，一個人的性格怪異極端，大家也只是認為這是個人的性格問題，沒有人會將它與心理或精神疾病聯繫在一起。

十七歲那年，我因無法忍受母親所謂的「愛」而自殺未遂。十八歲，我毅然決定離開家去異地求學……

我曾為了擺脫我的母親，試過爭吵、抗爭、自殘、逃離與自殺，我曾希望她能從我的世界裡永遠消失。原生家庭的影響，一直貫穿至我成年之後。

我深知童年的創傷是多麼地難以治癒。我們在痛苦中長大，我們帶著痛苦離家，我們建立屬於自己的家庭……我們以為我們成功地擺脫了那些傷痛和陰影，然而，我們不知道的是，那些傷口從未癒合，那些陰影也一直與我們如影隨形。那些創傷對我們的影響滲透在我們生活的方方面面，令我們支離破碎、備受煎熬。

我也曾和很多人一樣，絕望地認為自己是全世界最不幸的人。我深深地瞭解那些被忽視、被控制、被羞辱、被打壓、被精神或肉體虐待的感受，我也非常明白那種孤獨、傷心、

絕望、糾結與掙扎的痛苦。

我看到有太多的人，因為深陷各種痛苦，心靈備受煎熬。有些人甚至到了六七十歲，仍然深陷於心魔的深淵中無法自拔。

我問自己：「我究竟能為他們做些什麼呢？」

我只是一位在自己的小天地裡寫寫體會、心得與感悟的記錄者。有的網友因機緣巧合讀到它們並獲得助益，這也令我備受鼓舞；也有網友對我的文章嗤之以鼻，這也無可厚非。這些都是再正常不過的事情。

對於喜歡我文章的人，我曾一直糾結於自己是否能夠真正給到他們一些有用的東西。我總是糾結與其轉述那些偉大的作者和智者賢人們留下的智慧與精髓，不如直接向大家推薦那些幫助過我成長的書籍。我更糾結自己的文字功底和邏輯思維的局限，無法寫出吸引大家眼球的內容。畢竟，這是一個「吸睛」的時代，人們需要不斷的刺激。

可是，後來我意識到，時至今日，人們仍然陷入精神困境，並非因為前人的智慧沒有被傳承下來，而是因為大多數人都忙於追求所謂的「成功」所致。他們並沒有意識到那些智慧對我們的重要性；或者，他們認為那些都是書本上的東西、過時的東西，無法將其與自身產生連接；又或者，他們覺得書本上說得都對，但與當下的自己無關……

當我意識到自己最初那些想法的荒唐與可笑時，我對自己說：「我是誰呢？我有什麼能力去引導或教導誰嗎？我有什麼能力去改變任何人或事嗎？不！我只不過是與路邊的一朵野花、一顆野草、一片葉子無異的一個生命，僅此而已。

我要做和我能做的，只是成為一個真正的生命，給它以充分的自由，做它想做的一切——全然地投入生命之中，全然地綻放自己的生命力，僅此而已。」

於是，我放下那些無謂的念頭，開始尋找內在無限的源頭。

忘記是在哪裡看到過這樣一句話：「Be the moon and inspire people, even when you're far from full.」這句話也給了我無比的溫暖、信念與勇氣，讓我開始決定寫作。

偉大的詩人紀伯倫曾說：「一個人中有兩個我，一個在黑暗中醒著，一個在光明中睡著。」

如果我知道如何在光明中醒來，我是多麼地願意將這個過程分享出來啊！在此過程中，如若有人能夠透過我所有的經歷、體會、心得與感悟看到希望與可能性；或有人因此而遠離痛苦、發現自我、找到自我並實現自我；抑或有人還沒有找到自己想要的答案，卻在我的字裡行間找到一種感同身受的釋然、一個瞬間的靈感；又或者令某些人堅定了那份歷久彌新的信仰……那真是再好不過的事了。儘管我知道，我就像一個新月彎鉤一樣，離滿月還很遠很遠。

我希望透過自己內在的成長經歷，讓更多人瞭解：生活沒有義務滿足我們的期望，我們應該接受現實並因情況沒有更糟糕而感恩；我想讓更多的人看到，逆境重生是任何人都可以實現的，只要拿出勇氣，願意開始。

人生這條路，最終都需要我們自己走完，誰也無法替代。我們越早深刻地明白這個道理，就能越早免受那些痛苦和煎熬的折磨。

與其說我的人生轉折是因為一種冥冥之中的力量在指引我，倒不如說，我只是決定跟隨生命之流的節奏隨之流淌，而非與之抗衡罷了。

　　「我生活在妙不可言的等待中，等待隨便哪種未來。」正是法國作家安德列·紀德的這種對當下生命的熱愛，以及對生命完全臣服的態度，讓我的命運也隨之發生了天翻地覆的改變。

　　人生在世，我們都希望有兩樣法寶：一個水晶球和一隻魔法棒。水晶球用來避免問題，魔法棒用來解決麻煩。可是，在現實生活裡，恰恰沒有這兩樣法寶，這也正是我們痛苦的原因所在。但我們不能因此而拒絕成長。我們需要明白，我們所經歷的一切，都源於自己的選擇；我們所學習的一切，並非為了改變他人，而是為了更好地瞭解自己和改變自己。

　　我永遠無法僅用「感謝」二字來表達我對所有改變我人生的偉大作者、智者賢人和靈性導師們的感激之情，雖然他們身處不同時代、不同國家，講著不同的語言，研究著不同的領域。但是，他們用自己的知識與智慧，拯救了無數飽受心靈折磨的人們，而我，正是其中之一。

　　是他們永存的精神一路陪我披荊斬棘，讓我感到自己不再孤獨，讓我知道自己不再是周圍人眼中的異類，讓我的身、心、靈獲得了巨大的滋養和成長。這種成長不僅幫助我學會如何找到真正的自己、成為真正的自己，也讓我懂得什麼是真正的愛。

　　在全球大流行病 Covid-19 的背景之下，每一個人過得都不容易，我們不僅要防禦病毒的侵襲，還要為生計、理想

和夢想打拼。但也正是這個契機，讓更多的人有機會沉澱下來，開始思考生命、敬畏生命，開始意識到，在紙醉金迷的物質生活之上，還有更為迷人的精神世界，就像晴朗夜空中的繁星一樣，始終散發著寧靜而平和的光。

借此機會，我想感謝一直以來信任和支持我的網友以及身邊的朋友們，正是因為他們的信任、支持與回饋，讓我每每在想要放棄的時候重獲動力與信心；我也想借此機會感謝我的先生，是他給了我一個充滿愛與歡樂的家庭。感謝他的一路相伴，樂意成為我的第一位聽眾、第一個讀者，給我莫大的信心與支持。感謝他與我共同努力進步，一路支持我所有的想法，幫助我實現所有的願望，成為我的靈魂伴侶。沒有他，就沒有今天的我；我還要感謝我的父親，雖然我錯失了與他在一起的人生中最寶貴的十年時間，但是他一直都非常尊重和支持我的任何想法與決定，為我減少了很多不必要的壓力；也感謝我的繼母，是她的賢良淑德讓我們始終保持著親密和諧的關係；還有我的繼父，是他在我們不在母親身邊的時候，給予了母親諸多的關心與照顧；我依然要感謝我的母親，沒有她，就沒有那些磨難與歷練我的機會，以及呈現在大家面前的這本書。

同時，我也想把此書送給不惑之年的自己，作為我前半生的總結。

作為一個有完美傾向的人，我總會下意識地因為追求完美而停滯不前，這也是我遲遲未能完稿的最大原因。但我知道，生命之所以美麗，在於它永無止息的成長、努力與進化，而非尋求完美。變化如同一扇敞開的祝福與恩典之門，為生

命提供靈活性、豐富性和多樣性。而完美則猶如一條毒蛇，它的目的是攻擊創造力，將生命拒之於祝福與恩典之外。

願這樣一個不完美的我，既是大家的借鑒，也能帶給大家信心、力量和勇氣。期待並歡迎各界人士的交流與指正。

感恩生命中所有的遇見。願每個生命，都能成為一顆璀璨的星！

2020 年 12 月 11 日

目錄

> **我們永遠無法透過對抗現實**
> **來獲得自己想要的一切，**
> **越是與之對抗，越是事與願違。**

第一章
一個真實的故事

二十三年前，一位服用了一整瓶混合藥物的女孩「有幸」被醫生搶救了回來。當醫生問她為什麼要吃那麼多藥時，女孩沒有回答，因為她絕望地知道自己的「報復和解脫」之路失敗了，這個世界上沒有人能幫她，她極度害怕但又不得不再次繼續面對那個「惡魔」——她的母親。

「她就是傻！」女孩最害怕和厭惡的一個聲音替她回答了醫生的問題，那個人正是她的母親，語氣裡透露著不屑與嘲諷。

女孩的自殺行為，並沒有讓她的母親感到害怕或心生自責，相反，她依然帶著那種盛氣凌人和不屑一顧的口吻輕描淡寫地一帶而過。

醫生沒有再繼續追問，她已經盡了她的職責，其他的，不在她——一位內科醫生的負責範疇之內。雖然那個女孩的內心非常期待那位醫生能夠警覺到那位母親的非正常狀態，

但是很可惜，沒有了下文。畢竟，那位醫生並不是專業的心理精神科醫生，而在上個世紀九十年代的偏遠小城市裡，醫院也沒有精神心理科，更別說在那樣一個小地方生活的人能對心理學或精神病學有什麼認知了。

女孩不記得醫生最後都囑咐了些什麼，也不記得自己是如何離開病房的，她只記得，自己拖著沉重和麻木的雙腿一步一步挪回了那個禁錮她好幾年的「牢房」——「家」。

女孩沒有想過那些藥物會對自己的身體造成哪些傷害，她只想著一件事，就是要想盡辦法與她的母親斷絕關係，或者逃離那個所謂的「家」，只有離開那個「惡魔」母親，她才能過正常人的生活。

那一年，女孩 17 歲。那個女孩，就是我。

我的前半生，與母親抗爭了三十多年。于我而言，「母親」這個詞等同于「惡魔」，它是伴隨著我成長的「恐懼」。我曾認為，以斯蒂芬·金的成名恐怖小說改編成的電影——《Carrie 魔女嘉莉》，就是我真實生活的藝術版本。

母親多疑、矛盾、控制、強迫、偏執、挑剔、好鬥、自以為是、喜歡貶低和打壓他人等等異常性格和行為，終於讓父親與她在我十二歲的時候協議離婚。

其實，聽母親說，早在我兩三歲的時候，他和父親就常常爭吵到要離婚的境地。父親早就寫好了協議離婚書，只缺她一個簽名，但她卻堅決不肯，她說是為了我，說怕我成為一個沒有完整家庭的孩子，所以才一拖再拖。

可我清楚得記得，在我小學一年級的時候，當我的同學問我為何沒見過我爸爸時，她立刻替我回答，說我的爸爸已

經死了，我沒有爸爸。母親的言語和行動常常表現出極端的矛盾，這讓我從小就一直非常疑惑，並常常感到無所適從。

全世界的人都告訴我母親是最愛我的人，她為了我如何付出。我的母親也永遠跟我說她是如何愛我、如何關心我和為了我好。可是，每當我受傷，想跟其他孩子一樣跟母親撒嬌，想得到她更多的關懷和寵愛時，她卻責罵我，說我笨。所以之後無論受到什麼傷害，我最怕的並不是傷痛本身，而是怕她知道以後的責罵；我生病了，母親會抱怨為什麼我不能像別人家的孩子那樣健健康康，總是成天拖累她，以至於在過去的幾十年裡，但凡我感冒了，在深夜咳嗽都要把自己摀在厚厚的被子裡面，不敢發出太大的聲音；五六歲時，我已經不太敢於表達自己了。有一次，我想迎合母親，讓她幫我做一個決定。我心想這樣總該不會挨罵了，但沒想到她卻罵我蠢，連那麼一點小事都不知道該怎麼做，還時常將那件事說給其他人聽，好像生怕那種侮辱對我還不夠強烈一樣；六歲時我寫字很慢，有一天中午，她心情不好，就直接從我手中奪過鋒利的鉛筆，並在我的手背上亂劃一通，然後奪門而出。我手背上血淋淋的傷口裡依稀能看到黑色的鉛，我就自己咬著牙使勁把血擠出來，用紙巾包了一圈，然後和來找我的同學一起去上學。在路上，那位同學問我的手怎麼了，我說是自己不小心弄破的。那個年僅六歲的我，硬是強忍著沒讓淚水掉下來，但內心那撕心裂肺的痛，久久揮之不去；只要我稍稍「做錯」一點讓母親不順心的事，她就會用扁擔（那個年代用來挑水的擔子，和我的手掌一樣寬的木擔）打我，用玻璃杯砸我的頭，或者直接扔過來一隻玻璃杯；初中

時，她因為我在教室畫黑板報沒有回家，而沖進教室不問緣由，就當著幾位同學的面給我一記耳光，然後破口大罵。其實，那次我有專門讓路過我家的同學幫我帶口訊回家，但那位同學竟然給忘記了。當然，她無論如何也不會想到，因為她的一個小小疏忽，竟會帶給我如此羞辱的經歷。

從小到大，這種經歷數不勝數。

從記事起，我就從來感覺不到母親是個親切有愛的人，我很怕她，甚至很厭惡和憎恨她。當然，這些是我從來都只能埋藏在心底不敢說出口的感受。

我不明白家裡為什麼總是無緣無故地爆發「戰爭」，母親總是對任何不順她意的事情不依不饒，她聲嘶力竭地責罵聲和父親氣急敗壞摔東西的聲音是我童年的噩夢。而目睹一切的我，只能站在那裡束手無策地默默流淚。有時候，我害怕極了，就會去請求鄰居們的幫助。我已經記不清有多少次，鄰居們因為我家的「戰爭」在凌晨被吵醒前來勸架。

記得從小學四年級開始，我就已經有一個小小的心事記錄本了，在那個記錄本的末頁，我這樣寫著——等「正」字到了一百個，我就自殺。我用一個筆劃代表一次傷害（包括父母吵架、打架、和母親對我的訓斥、責罵）。一個「正」字就代表五次傷害。作為一個剛滿十歲的孩子，我已經有很長一段時間在想關於自殺的事了。

還有更可怕的——父母每次「戰爭」完後，父親就會離家，他會一直住在工作的地方。而母親則要集合她的「親友團」前去問責，故意在父親同事和領導面前讓父親顏面無存。不僅如此，她還要讓我用她教我的方式去跟父親對

抗──要求我站在父親工作單位的院子裡直呼父親的大名，並數出他的「罪狀」。那個時候，我才四五歲。當然，我從來都沒有完成過他們的這個要求，我的心裡非常不願意，又急又氣。我恨死那些教唆我罵自己父親的人了，我不知道那些大人們為何要這樣折磨我。

記得那時，父親一旦晚回家，母親就開始一邊猜疑，一邊將她的種種猜測說給我聽；一邊詛咒父親一邊讓我認清父親的真面目。父親不回家，母親會罵，父親晚回家，母親會找茬發洩，以至於我總是希望父親還是不要回來的好。從小，只要我聽到父親在夜晚十一二點回來拿著鑰匙準備開門的聲音，我的心就會狂跳，因為那意味著「戰爭即將爆發」。我不明白母親為何總是對父親沒完沒了的不依不饒。

在我的記憶裡，「家」是一個恐怖的地方。

家裡極少有平靜的時光。唯一一次安逸而舒適的日子，是小學四年級那年，母親去蘇州進修成人大學的時候。那一年，我學會了騎單車，因為之前母親一直反對我學單車，當然，她的出發點可能是好的，怕我受傷；那一年，我在學習上用的時間更少但成績反而更好；那一年，我每天晚飯後都和父親下象棋，有時候還能趁父親不注意贏他一局；那一年，我再也不用擔心去同學家玩而挨罵……那一年，是我唯一與父親相處最多而且最輕鬆快樂的時光。

我永遠都覺得母親對我的愛讓我恐懼、厭惡和窒息。但是，全世界都告訴我沒有哪個母親是不愛孩子的。正因為如此，我才永遠都活在壓抑、糾結、憤怒、委屈、報復與自責的循環中。

父母離異那年，我原本是開心的，這是真心話，因為我覺得他們終於可以分開了，家裡終於可以不再爆發戰爭了。我原本一直希望與父親一起生活，但是母親在我見法官之前，提前跟我說，如果法官問我想跟誰，我就回答說想跟她。那年只有十二歲的我，突然鬼使神差地覺得母親也挺可憐的（這大概是長久以來被母親單方面潛移默化的結果），所以就違背了自己的意願，選擇了跟隨母親，而母親最後也「成功」地成為了我的監護人。

　　直至我與母親單獨生活開始，我才真正體會到父親為何有時會被氣得暴跳如雷，也明白了父親為何寧願什麼都不要都要離開那個所謂的「家」。

　　父親淨身出戶，連一隻牙刷都沒有帶走。他離開家後，我的噩夢便緊接著開始了。比起「身體上的虐待」，更讓我痛苦和窒息的是「精神上的虐待」。

　　我的一舉一動幾乎都在母親的監視之下：我不能去參加同學的生日會，事實上，在大學之前我從來沒能去過任何一個同學的生日會，每次聽同學們聊起聚會上的事情哈哈大笑並說「你沒能來真可惜」時，我的心裡就特別不是滋味；我不能看除了教科書之外任何自己喜歡的課外書，除非那些書是母親感興趣並認為有用的；我不能買自己喜歡的衣服，除非母親認為那件衣服適合我。從初中到高中六年裡，母親常常把她過去的衣服給我穿，並告訴我說：「你看，這些衣服都很新，我以前都沒捨得穿幾次。」母親給我買的新衣服屈指可數，而且都是她喜歡的款式；我不能寫日記，她常常會偷看我的日記，罵我不務正業；我不能用自己攢下的零用錢

買任何東西。記得十二歲那年，我用自己的壓歲錢偷偷買了一個喜歡了很久的新鉛筆盒，結果被母親發現後罵了我好幾天；她只允許我每週洗一次頭髮，我只能趁她不在家的時候偷偷洗，還要想辦法不被她發現；除了早上梳洗可以照鏡子，其他時候如果我站在鏡子前或者整理頭髮就會被她數落心思全在打扮上，沒放在學習上；從初中到高中我一直被青春痘所困擾（後來我知道除了生理原因，最大的原因在於我的邊界一再被侵犯所致），同學們的母親會帶他們買護膚品或看中醫調理，而我的母親只讓我用鹽水洗臉，她說這就是最好的方法。當時，閨蜜的母親推薦了一款很好用的護膚品，我就自己偷偷攢錢買了，結果被她發現後二話不說就全部扔掉……

我發覺自己無論做什麼都好像是在做見不得光的事情一樣，好像我做的一切都是錯的。

我很喜歡乾淨和整潔，但這個優點也會給我帶來很多痛苦和折磨。做家務時，我必須按照母親的步驟來。如果她擦玻璃，我去擦燈具，她就會停下手中的活兒，讓我必須按照她的步驟先把燈上面的灰塵擦掉，然後再把燈罩拿下來，否則就不行。而且她要看著我必須按照這些步驟完成；如果我去廚房洗菜，她會要我按照她的步驟，在水池裡放三個盆子，菜必須從三個盆子裡依次洗過來，她才認為是乾淨的；倒洗菜水也必須倒進指定的地方，而不能直接倒入水池；切菜要切成她指定的樣子，有些必須切成條、有些必須切成片……當我厭惡在她的「監視」下做所有事情的時候，她就會不停地數落我。

過春節是我最大的噩夢之一，在父母還沒離異時，幾乎每年春節前他們都會大吵一架，然後父親會去自己的工作處暫住，母親則會在所有的親戚面前從正月初一開始數落父親的「罪狀」一直持續到正月十五，逢人必說，從無例外。從四五歲記事起，雖然母親在「戰爭」中是弱者，但我更厭惡和憎恨的卻是她，因為她總是跟其他人講父親的壞話。

　　之後每年的除夕夜，就只剩我和母親兩個人了。每當別人家燈火輝煌，吃著美食、看著電視其樂融融的時候，我和母親都在打掃衛生。若干年來，我從未在除夕夜按時吃過年夜飯。母親說家裡的傳統是在農曆新年之前必須把家裡徹底清潔一遍，否則來年就會不順利。這本無可厚非，但是，原本兩個人可以很高效地就完成的家務，在母親的按部就班下，時間就會變成 double。因此，每一年的除夕，我們都差不多要到淩晨十二點才能勉強做完所有的家務。

　　每一年，我都是帶著怨恨迎接新年的。除夕夜只是噩夢的開始，接下來，母親強迫帶我走親訪友才是噩夢的繼續。我不能自己一個人待在家裡，必須和她一起去拜訪親友，否則她會認為自己一個人去拜訪親友很沒面子。她覺得家庭原本就已經不完整了，如果我再不與她一起，那她是接受不了的。整個高中時代，每一年在走親訪友的過程中，我幾乎都一句話也不說，我用這種無聲的反抗來對抗。而當時家裡的親友也從未有任何人發現我情緒上的不妥。

　　就這樣，我成了一隻被困的囚鳥。我要隨時警惕自己的言語和行為，因為我隨時都有可能因為一句話或一個行為而受到指責和謾罵。我在焦慮、抑鬱和幾乎窒息的狀態下煎熬

著。

　　那些年，我最害怕的事情就是「回家」。每次一想到回家，恐懼感就湧上心頭，只要站在家門口，心跳、緊張、發熱和窒息感就會瞬間來襲，我總是要做好一陣子準備才能有勇氣打開家門。為了能在那個牢獄般的家裡殘喘呼吸，我被迫把自己的活動範圍縮小到自己的小房間。但即便如此，母親也還是會時常「侵犯」我的小空間。最後，我只能將衛生間當作避風港，只要她一開口，我就把自己關在衛生間裡，我甚至可以在馬桶上坐上一兩個小時。可以說，在家的日子，衛生間裡的獨處是我最安靜的時光，馬桶是我唯一的夥伴。以至於到後來，我一有焦慮感，就馬上會想要上廁所。

　　沒有任何人可以理解我的感受，我曾經試圖跟一些親友講我的情況，但是他們無一例外地都會跟我說「你媽這樣做還不都是因為愛你嗎？」也許他們是怕得罪人，也許他們是真的缺乏精神心理方面的常識和知識，也許他們抱著事不關己高高掛起的態度……總之，沒有任何一個人明白和理解我的痛苦。

　　沒有人體會過這種感受，旁人只會說我不夠理解母親，或她做的一切都是為了我好之類的話。我想，既然人人都這樣說，那大概是我瘋了，如果不是，我怎麼能體會不到母親的愛呢？於是，我使勁地鑽牛角尖，想徹底讓自己變成一個瘋子。我絕食、自殘，我在想或許只有那樣，我的世界才能恢復正常。可是，無論我怎樣折磨自己，都沒能把自己逼瘋。

　　母親可怕到從她早晨一睜眼開始，就一直盯著我和數落我直到睡覺，她甚至在做夢的時候都在譴責和謾罵。她的

聲音，變成了我最大的恐懼。我經常在與母親聲嘶力竭爭吵的噩夢中哭喊著驚醒。她好像陰魂不散似的，不僅白天折磨我，就連夜晚睡覺的時間也不放過我。有時候，我真希望母親是個啞巴，甚至希望她從我的世界裡永遠消失。

終於，在嘗試過絕食、自殘、把自己逼瘋未果之後，我想與母親同歸於盡。但是最後，我還是選擇了自殺，我想徹徹底底、狠狠地報復她，我要讓她一輩子都活在痛苦和自責中。

於是，便有了開頭的那一幕。

在被搶救過來聽到母親聲音的那一刻，我意識到，母親最愛的不是我，而是她自己。她所做的一切，都是為了滿足她自己的欲望。而我有沒有受傷，她並不在意，她只在意一件事——我是否還能被她所支配和掌控。

也不知道為什麼，我突然就醒悟了，於是開始計劃我的「自救」之路。十八歲那年，我毅然決定去離家較遠的地方讀大學。母親極力反對，叫來家裡的一班親戚，試圖一起說服我。但我心意已決，最終離開了那個噩夢之地。

後來，聽父親說，母親那時也曾聯繫過他，試圖讓他來說服我不要去那麼遠的地方。但是父親說他尊重我的決定，所以母親才找來「親友團」。

也正是從那一年起，我開始接觸並學習心理學。我最初的目的很明確，就是要通過專業的知識來告訴全世界——是母親把我逼成這樣的！都是她的錯！她是病態的！在過去的十幾年裡，我一直是被母親所折磨的，我要為自己討個公道！

儘管在大學期間，每次讓我最難受的事情就是每個月跟母親要生活費的時候，但至少幾個月不用再見她，對我來說已經是最大的滿足了。

從小到大，跟母親索要零用錢都有一種比登天還難的感覺，毫無自尊可言。十二歲之前父親還在家的時候，總是能滿足我的各種小願望，但母親對金錢的態度就截然不同。

大學期間，我的生活費幾乎和班裡為數不多的幾位男生的生活費一樣少。但是女生在生活中的必要花銷要比男生多，因此，大學期間的我一直很拮据。我一直盼望著自己早點實習，早點工作，不再跟母親要一分錢，完全跟她脫離關係。

大學畢業前，我找到一份實習的工作，薪資雖然不高，但我卻非常開心，因為我覺得自己終於可以完完全全地獨立，擺脫母親的魔爪了。

的確，從那時起，我再也沒有向母親要過一分錢，而且我還用自己的第一筆收入，給我和母親各買了一套在當時看來價格不菲的睡衣。當時的我，對自己的報復性消費衝動沒有任何覺察，只是想借此舉動一方面向母親宣誓我經濟上的獨立，另一方面鄙視她一直以來在金錢上的小氣。

我以為透過這種方式，母親便能對我的用意心領神會了。其實，當我還心存這種想法的時候，說明我自己還是太天真了。而那個時候的我，對此一無所知。

無論我再怎樣宣稱自己的獨立，都始終無法真正切斷與母親的聯繫。她依舊會隔三岔五地打電話「關心」我，而她所謂的「關心」，只是一通隔著電話線對我的要求和控制，

或者是一通抱怨的廢話。

　　和我當年在家的時候沒什麼分別，電話裡從來只有母親說話的份，沒有我說話的份。從電話接通的那一刻起，母親的言語就像掃射的機關槍一樣停不下來，甚至連換氣的間隙都沒有，我根本插不上任何話。如果我把電話放在一旁，等我做完很多事情再回來時，她依舊還在那裡講話。她打電話的目的根本不是溝通，而是控制、發洩和「倒垃圾」，我為自己無故成為一個「垃圾桶」氣得要死。

　　我知道，母親只是換了一種方式在繼續控制和折磨我。我雖然生活、經濟獨立了，但她依舊對我不依不饒，陰魂不散地持續騷擾我。我每次都只能找個機會說有重要的事情借機掛掉電話，或者直接掛斷。

　　那個時候，我已經很少稱呼她為「媽」了，我連這個字都叫不出口。我在想天底下怎麼會有這樣殘忍的母親，以折磨自己的親人為生。她的電話有時就像連環奪命 call，如果我因為某些原因沒有接聽，她會連續撥打幾十次，當我接起時她會不問原由地直接指責我沒有接電話的行為，她讓我心慌和厭惡。也是從那個時候開始，我對她的來電產生了嚴重的焦慮和恐慌症。

　　每次跟母親通完電話最初的一兩天，我的焦慮會有所減輕，但從第三天開始，焦慮就會逐漸加劇，因為我不知道她什麼時候會再次打來，有可能會在我跟同事或朋友一起工作或聊天的時候，有可能會在我正開會的時候，也有可能是我和先生（那個時候我們剛剛在一起）出去玩或看電影的時候。總之，那個時候的我，認為她總是會打亂我平靜而美好

的生活，沒有她的騷擾，我的生活一切正常，她一旦出現，我的世界就完全失常了。

在再次接到她的電話之前，我的焦慮會持續加重，一旦她真的打來，那個熟悉的電話鈴聲想起時，恐慌感就瞬間出現，伴隨著心悸、發熱、出汗和呼吸困難。和之前那些年回家的感覺一樣，在接電話之前，我總要做一些心理準備——深呼吸、儘量讓自己平靜，找一個沒人的地方，然後接通電話。每次電話結束後，我都很難平復心情——生氣、憤怒、怨恨，有時又帶著內疚和後悔，每次我都需要很長的一段時間讓自己恢復平靜。這種折磨對我來說痛苦萬分。

「世界如此之大，卻沒有一個可以讓我安穩度日的地方。只要母親還在，我永遠不可能安穩。」過去的我曾常常這樣想。我責怪上天的不公，有時也會歸責於宿命。

可我還是不甘心，心想：「憑什麼要我遭受這一切苦難？」我依然想證實母親所犯下的嚴重錯誤，想讓她親口承認自己的錯誤，想改變她。

我曾將自己在大學時看過的第一本親子類書籍《我們是這樣教育孩子的》寄給母親，裡面還夾了一封長達三頁的家書，真誠地跟她傾訴我那些年的感受。我希望她能透過那本書，意識到自己的問題，我們一起努力來改善母女關係。然而，很多年後，我在書架的一角發現那本書早已封塵，裡面的那封家書原封不動的躺在那裡。諸如此類的事情發生過很多次。漸漸地，我感覺自己的心死了，和自殺未遂那次的感覺一樣，是冰冷和絕望。

母親死不悔改的態度和對我誓不罷休的控制與騷擾，讓

我極為反感和惱怒。我發誓要讓她認識到自己的錯誤並為此道歉。因此，搜集「罪症」的行動一直持續著。

從心理學到哲學、從宗教到靈修，我透過一切可能的途徑找尋答案。

起初，每每從心理學中找到一條符合母親的「罪證」，我就會想，「這顯然就是她啊。」每找到一條與她相符的「罪證」，我的心就似乎更舒服一點，感覺好像有人真的明白我、懂我、理解我的那些感受，覺得自己不再孤獨，不再是別人眼中那個不知足或者不懂愛的人了。

有很長一段時間，我都會把文章中那些與她相關的症狀和結論用筆標記出來，然後拍照發給她，希望她能夠意識到自己的問題。然而，她卻連看都不看。「她真是一個無可救藥的人！」我常這樣絕望地想。但過不了多久，又會重新燃起一絲希望，又會抱有幻想，然後繼續通過讀書、找答案、找「罪證」，繼續發給她，不管她看不看，我都會發給她。

為了積極調整和適應與母親的關係，我想過很多的辦法。例如，將電話通訊錄裡母親的稱呼改為「面對、接受、解決、放下」，這樣每次電話響起時，我就會受到這四個步驟的心理暗示，恐慌感會減輕一點；我也常常刻意地找藉口回避與她通話或接觸；讓自己去世界的各個角落，總之，離她越遠越好……

但是，我所做的一切，都沒能從根本上解決問題。

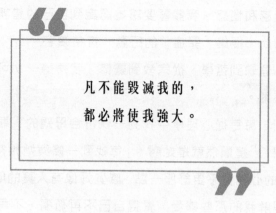

凡不能毀滅我的，
都必將使我強大。

第二章
如何才能真正做到
面對、接受、解決、放下

　　人的轉變需要一個過程，無論「頓悟」也好「漸悟」也罷，最重要的，在於我們始終要在領悟當中。過去的我總是覺得自己已經很勇敢地在面對和解決問題了，但是每每回過頭來看，才發現那其實只不過是換了一種逃避的方式而已。

　　隨著我幾乎從未間斷地汲取心理學專業知識的同時，我逐漸意識到，其實我自己也出現了嚴重的心理和精神問題。過去的我一直以為自己在積極地解決問題，但其實，我只是在強迫自己去面對自己根本不想面對的。只要內心還存在對抗，那就不是在真正的解決問題。

　　無論去到世界的哪個角落，母親永遠都會以「關心」的理由用一個電話就瞬間把我拉回地獄的邊緣，除非我能逃離地球，當然，那不可能。母親不是對我不放心，事實上，無

論我做得多麼優秀，她都不會「放心」，她只是在想盡一切辦法「逼」我回到她的身邊。

剛畢業的時候，我以為自己可以完全經濟獨立、生活獨立、與原生家庭保持距離，就意味著自己強大了，問題自然就得以解決了。但是，我沒有明白，真正的強大，源自於內心，而非外在的一切。

我們可能都曾喝過很多心靈雞湯、聽過很多大師的激勵。但是，那些雞湯和激勵就好比感冒時吃的藥丸一樣，它也許對症狀能起到緩解作用，但是，想要少一點感冒，靠的是自身強大的免疫力。

漸漸地，隨著尋找「母親」罪證的這一過程，我反而從內心真正接受了母親是「病人」這一事實。更神奇的是，就在我接受這一事實的同時，我發現自己的心理問題竟然也在不知不覺中幾乎被治癒了。

不過，自己被治癒是一回事，去治癒別人又是另一回事。

母親始終覺得自己沒有任何問題，都是別人的錯，她拒絕看心理精神科醫生，也拒絕吃任何精神類藥物。

母親的控制欲曾一度嚴重到一定要逼著我去做體檢她才能放心的程度。在我成家之後，她也會要求我和先生一起去做體檢。這原本是一件正常的事情，即使她不說，我們每年也都會去做年度體檢。但是，她的強迫性已經達到除非她親眼看到我們去體檢了，並跟著我進入 B 超室才能放心的程度。連 B 超室的醫生都覺得不可思議，幾經勸說她才會不情願地到外面去等。

我也常常回顧從我記事起的那些過往，每一件往事都從不同的角度證實了母親錯綜複雜的病徵。

　　她和自己兄弟姐妹的相處算不上融洽，好像每個人都做過對不起她的事情似的。我曾經好幾次找機會問過母親的幾位姐姐（我的姨姨）母親的性格究竟是從什麼時候開始變得極端的，他們無一例外都說她從小就是這樣的性格。所以我更加肯定，母親極端的性格才是父母離異最大的原因，並非完全像母親所說的那樣，自己是一個婚姻的受害者。

　　母親從來都沒有意識到自己性格的異常，她把自己人生中的一切不順利，都歸因於第一次的婚姻失敗和遭受的打擊。的確，這種感受對她來說是真實的，但她不知道她婚姻的失敗和自己從童年開始發展出來的異常性格有很大關係。

　　母親無法和父親的家人和睦相處。在母親的口中，父親一家都「不是好東西」。

　　後來，當我和先生在一起時，母親總是以「愛」我和「為我好」的名義做出「離間」我與先生關係的行為。她總是「好心」提醒我，男人沒一個好東西，要看緊一點；自己的錢要放好；家務、做飯必須兩個人一起承擔；世界上除了她，沒有人真心對我好等等。她始終把自己婚姻失敗的教訓當成經驗，要讓我謹記於心。好在我和先生彼此相互信任，先生也不介意。因此在這一點上，我總是覺得對先生有所愧疚。

　　後來母親和繼父在一起了。繼父是一個性格溫和、有耐心和責任心的人，我們當時都覺得母親非常幸運，也很替他們開心。但是好景不長，大約一年之後，繼父就總是歎氣，說不知道自己該怎麼辦才好。

我和繼父無話不談，彼此之間真誠而坦白。後來他才告訴我，他一開始並不瞭解母親的性格，他最初認識的母親是一個性格開朗的人，但是，隨著他們在一起之後，他發現母親不僅猜疑、控制他，還挑撥他與自己的女兒和家人之間的關係，這讓他無法忍受，但是他覺得要為母親的幸福負責，他不知道應該怎麼辦才好。有一次，他甚至被氣得暈倒在地。

　　但母親卻全然意識不到自己哪裡做錯了，她認為這個世界對她不公平，她一次次全身心地為家庭和丈夫付出，卻又一次次的遭受背叛和打擊。

　　其實，在我的觀察中，發現隨著母親和繼父關係的穩定，她又開始「舊戲重演」。由於害怕婚姻再一次失敗（被拋棄），她採取了一系列措施──干涉繼父的人際關係，「離間」繼父和他家人的關係，最後甚至將繼父的手機號慢慢轉變為自己的手機號，使得繼父不得不重新換號。

　　當我發現母親的這一系列做法時，向她逐一列舉了她的所作所為將會帶來的後果，可那個時候的她連一個字都不聽。

　　繼父的形象從最初她所描述的一個好人、有責任心的人，變成了一個沒出息、沒用、不負責任的懦夫。繼父為了不生氣，對她言聽計從，從最開始熱愛家裡的一切事物、包攬家中的一切家務，直到最後，母親讓他做什麼，他就做什麼。但也正是這種「順從」引發了母親對他的強烈鄙視。

　　不僅與親人的相處如此，母親與單位的同事也都是泛泛之交。儘管她的工作從未受到過影響，還時常被評為「優秀

工作者」，但她在人際方面確實存在著很大的問題和障礙。

　　還有，她從來沒有知心的好閨蜜。她對大多數人都感到不滿，唯一在她口中稱得上「好」的人，大都是內向、靦腆和容易被她所控制的人。不過，一旦那些她口中所謂的「好人」做出一點讓她不滿的事，她對他們的評價就完全改變了。

　　更甚者，曾經我和母親一起出去買菜，就連賣菜的商販都嫌棄母親的挑剔和討價還價而不肯做她的生意。我當時又生氣又難過，我既氣憤母親為什麼如此難以相處又痛恨商販對母親的態度。和母親在一起對我是一種折磨。

　　母親不只對我如此，這是她與外界「溝通交流」的方式。也只有她最親近的人，才能感受到這種痛苦和折磨。所以，父親離開了，我和先生離開了，繼父也離開了。家裡的親友無一不對母親的「關心」近而遠之，人人都說她是一個熱心腸，但人人都怕她的熱心腸。其實，我從小就能感覺到母親不太被人喜歡，只是我一直未曾瞭解其真正的原因。

　　母親是一位「病人」，這是顯而易見的事實。可是，在缺乏對心理和精神疾病認知的社會背景下，沒有人會把它與疾病聯繫在一起。人們沒有這種意識，就連身邊最親的人，也僅僅只是認為這是她的性格比較要強而已。

　　而母親也認為自己的性格「很要強」，但她將其認為是一種「品質」，並為自己的這種「品質」而感到自豪。她對自己的評價很高——黑白分明、堅韌不拔、嫉惡如仇、心地善良、自給自足、問心無愧等等。她不明白為何自己永遠都是一個受害者，別人總是一而再、再而三地傷害她。

她不知道，其實是她自己始終在攻擊自己，與他人無關；她也不知道自己在病態人格的驅使下，人性的「善」被縮小了，人性的「惡」被放大了；她更不知道自己已經將所有一切「不合理」轉化為讓自己能夠接受的「合理」，否則她會崩潰。

　　事實上，站在生命的層面，一切生命的本質都是向善的，因為生命作為完整的宇宙生命能量的個體顯化，它永遠都有「善」的種子。

　　只是在當時的情況下，與母親像正常人一樣相處真的非常困難。不過，正是這種歷煉，讓我獲得了更好的成長。

　　在幫助母親的最初幾年裡，她的焦慮和驚恐症會隨時爆發，疑病症也非常嚴重。她不相信醫院的所有檢查結果。所有醫生都告訴她，她的身體上只是一些小問題，不用擔心，但她會認為那些醫生不負責任。我幾乎每天都要用 1-2 小時的時間幫她舒緩焦慮的情緒。

　　記得有一次，我去醫院拔智齒。我將手機校到靜音放在包裡，正巧就在那天早上，母親打電話給我。當我臨近中午從醫院出來時，看到手機有幾十個未接來電和幾十條語音留言。她的情緒非常激動，好像被人欺負和拋棄的孩子，帶著哭腔抱怨、斥責我，顯得失控、彷徨、無助。

　　如果是過去，母親的這一系列行為是我極為恐懼、厭惡和排斥的事，我的情緒也會隨之變得很糟糕。但那時的我，已經可以面對這一切了。我知道這麼多年來，自己一直在責怪一位病人，指望一位病人能像正常人一樣，奢望一位病人能有反思和改過的能力。可是，她是名副其實的病人啊。她

不肯承認自己的問題，是因為她根本意識不到自己有問題，站在她的邏輯所能理解的立場，她所想所做的一切都是合情合理的。

就像尼爾‧哈泊‧李 Nelle Harper Lee 在《殺死一隻知更鳥》中寫道：「你永遠也不可能真正瞭解一個人，除非你站在他的角度考慮問題。」

是的，我必須站在母親的角度考慮問題才能真正瞭解她，而這需要勇氣和知識。

一直以來，母親就像一個站在黑暗中找不到光、內心充滿恐懼的「孩子」。她不知道該怎樣跟世界溝通，她用自己從小摸索出來的方式應對生活，結果卻導致更多的傷害。這不全是她的錯，她也是整個社會與家庭環境的受害者。只是，在她的生命中，缺少了指引她的人和相關的知識，她自己也缺少了面對問題和真相的勇氣與行動力。

當我終於明白母親一系列行為背後的驅動力時，我便徹底地理解和接納她了。她所做的一切，其實並不是她的本意。

從我真正由內心坦然面對和完全接納母親是一位病人的那一刻起，我感到無比輕鬆。站在病人的角度、理解力和出發點，她所做的一切都再正常不過了，換做是我，也許也會做出同樣或比她更糟糕的事情來。正是這樣一個轉念，使得我和母親的關係發生了天翻地覆的變化。

從那以後，每當我聽母親講話的時候，不會再像從前那樣，總覺得她在針對我，而是去理解和發現她背後的心理動機。這是一個極為奏效的變革。

終於，母親對我來說不再是一個恐怖的惡魔。所有的恨意一下子全部消失了，反而對母親多了幾分心疼。這一微妙的變化過程，其實一直都在我想改變母親的過程中悄無生息地發生著，我不知道這一切是怎樣到達一個質變的，但它就是自然而然地發生了，而處於這個過程當中的我卻沒有察覺。

　　直到頓悟的那一刻，我才真正意識到，正是我強烈地想要改變我與母親關係的渴望與決心，讓我始終持續不斷地學習、思考、反省和自我提升，在這個過程中，我自己的心理問題奇跡般地自癒了，也找到了和母親相處的方式。而這些轉變，正好是在讀完《覺醒的你》的那幾天發生的。

　　現在，母親已經七十多歲了，儘管她從未看過任何精神科醫生，也從未服用過一粒精神類藥物，儘管她的病情很難在她有生之年痊癒，但至少，我們可以像正常人一樣溝通、交流和生活了。她的焦慮週期也沒有像過去那樣頻繁，我也再沒有因為母親的電話而產生焦慮和恐慌，因為我會把每一次和她的溝通當成自己成長的契機。

　　有時，我反而會常常想念母親並主動打電話給她，我們隔三岔五就會發訊息，每週通一兩次長達一個多小時的電話。母親在我手機中的昵稱已變為「可愛麻咪」。這副場景，是我過去從未想過，也從不認為會發生在自己身上的。母親也常常說她從來沒有想過我們母女之間可以像現在這樣無話不談。有時候，我甚至會覺得她很可愛。

　　我，終於如釋重負。不是母親改變了，而是我徹底改變了。

尼采曾說：「凡不能毀滅我的，都必將使我強大。」有時候，我們只是缺少了對事物的感知和轉化的能力。沒有痛苦，就不會有成長。痛苦裡包含著成長的喜悅。假如我依然帶著憤怒與仇恨，將一切痛苦推給他人與外界，那我豈不是和當年自己眼中的母親一樣，成了另一隻「惡魔」嗎？唯有愛與寬恕，才能將我們從地獄中解救出來。地獄和天堂，就在轉念之間。

從我最初把一切歸罪於母親，到後來發現自己的問題；從最初無法清晰地劃分母親與自己的情感界限以至於承受了太多不該承受的痛苦，到能夠明晰彼此的邊界；從最初想要透過改變母親來解決問題，到最終願意透過改變自己來解決問題；從像逃離魔鬼般地逃離母親，到讓自己真正勇敢地面對、接受和改變現狀，並逐漸從過去的陰影中走出來，坦白說，在沒有接受過任何心理輔導的情況下，這是一個極其漫長和艱難的過程。

現在，我總是找各種機會幫助母親分析她想法背後的動機，慢慢讓她理解恐懼、不安和焦慮的源頭；教她正念冥想，練習瑜伽，讓她把更多的注意力放在當下；跟她探討哲學、宇宙、靈修、科學及健康知識，拓展她對生命的理解……就這樣，一點一點地幫她減輕焦慮、不安和恐懼。

曾經看過一部由真實故事改編的電影——《A Beautiful Mind 美麗心靈》。影片中，患有精神分裂的諾貝爾經濟學獎獲得者約翰·納什在頒獎典禮上這樣講道：

「我一直相信數字、方程式和邏輯關係。因為它們總是為我指引真理。但在追求了一生的真理之後，我問自己，什

麼是真正的邏輯關係？真理又是由誰來決定？對於這些問題的思索讓我經歷了從生理上到精神上再到幻覺上的洗禮。最終，我還是回到了現實中，我找到了一生中最重要的發現，在愛的支援下，任何邏輯關係和真理都會被發掘。今晚，我能站在這裡領獎都是因為你（妻子艾麗西亞），你不離不棄的陪伴才成就了今天的我。你就是我的真理。」

納什用一生證明了人類無限的可能。儘管那三個幻想出來的人物依舊以最初的模樣伴隨著白髮蒼蒼的他，但他最終接納了他們的存在。因此，他逐漸回歸了正常的生活。

真正的生活，就是放下所有的痛苦與掙扎，接納生活給予的一切。放下不代表放棄，放下不是變得麻木，而是給自己一個與現實握手言和的機會。

我們都希望世界是正常的，他人是正常的，可是「正常」的界限很模糊，很籠統，我們所有人一直都是在正常與非正常之間轉換（無論身體、思想、情感……）。不用刻意去追求所謂的正常，正常人也會隨時遇到問題。或許我們可以這樣理解：當一個人在遇到問題時，能夠用積極的方式去面對和解決時，他就是正常的。

個體心理學之父阿德勒曾經用三十天治癒過一位精神分裂的女孩兒，女孩兒在康復後可以融入社會，也能與人相處融洽並自力更生。他當時所用的方法，就是付出耐心與仁慈，用最為友善的方式傾聽患者，成為患者的朋友，使她受到鼓勵，並使其找到勇氣。這需要巨大的耐心，愛心和包容心。

愛，是最好的治癒劑！

我們永遠無法透過對抗現實來獲得自己想要的一切，我們越是與之對抗，就越是事與願違。只有當我們的內在發生徹徹底底的轉變，徹底接納一切時，一切也才會隨之改變。

　　「改變」的過程雖然艱辛，但卻十分值得。艱辛，是因為心理重建的過程的確漫長而不易；值得，是因為一旦這樣做了，就一定能一步一步爬出黑暗的穀底，重獲新生。也許，將此稱之為「蛻變」更為貼切。

　　陀思妥耶夫斯基曾說：「我只擔心一件事，我怕我配不上自己所受的苦難。」他在《罪與罰》中這樣寫道：「痛苦與磨難對有大智和深謀遠慮的人來說是必不可少的，那些真正偉大的人，我認為，一定具有最深切的悲傷。」

　　生活總會讓我們遍體鱗傷，但到後來，那些受傷的地方一定會變成我們最強壯的地方。我們所經歷的每一次磨難，又何嘗不是一次自我反思的機會？它就像一面鏡子，透過這面鏡子，我們終究要瞭解的是自己，而非別人。或者說，我們所認為別人身上的一切問題，也正反映出了我們自身的問題所在。

每個人的內心，都是一個宇宙，

只是有的人眺望繁星，

有的人凝視黑洞。

第三章
借助「工具」的人生，
才會擁有更加愉悅的生命體驗

在這個世界上，大部分的人都不一定能出生在一個非常幸運的家庭中。即便是那些出生在相對健全或家境優越的人，也可能因為各種各樣的原因受到忽略、傷害、痛苦和折磨。但是，所有這一切都不能成為我們拒絕成長的藉口和理由。

最重要的是，我們必須清楚地知道自己是誰？自己為何而存在？自己想要什麼？如果我們只是一味地任自己陷入過去的創傷所帶來的情緒黑洞，那將永遠也無法獲得解脫與自由。

毛姆曾在《人性的枷鎖》中這樣闡述：「如果你對自己的處境總是心存不滿，企圖反抗，那只會給你帶來更深的羞恥。你的悲慘遭遇只是上帝讓你背負的十字架，而之所以選擇由你來負擔，是因為你的肩膀比其他人更強壯。這是上帝

的好意，你應該樂在其中，不能把它視作悲傷的源頭。」

相信很多朋友都正在重複我所經歷的那些「無用功」──痛苦、失望、絕望、再燃起希望、繼續失望、絕望、痛苦……我們陷入這樣的無限循環中，茫然不知所措。

我們沒有意識到，只要內心還存有想要改變他人或外界的欲望，失望就是必然，痛苦就會來臨。唯一能讓我們解決問題的根本，就是重塑一個「全新的我」。

在充滿了未知和挑戰的人生當中，脫離舒適區的不適感是我們最不想要的感受，大多數人都會本能地選擇逃避。但是，正是這種「未知」所造成的痛苦；正是我們勇敢面對未知的勇氣，才能令我們的心智獲得成長。這是我們身而為人的終身課題，也是讓我們得以遠離痛苦的唯一途徑，誰都無法逃避，如同誰都無法逃避死亡一樣。

每一個人，其人生的最終價值，都在於思考和覺醒的能力，未經審視的人生絕不值得度過。古人雲：「工欲善其事，必先利其器。」關於人生這件事，自然也不例外。

如果我們想讓自己在這個世界上生活得更順遂，就必須借助一些「工具」來提高覺醒的能力。就像我們想要做好任何其他事情一樣，都必須先找到最適合的工具和方法。我們對這些工具瞭解、學習和掌握得越多、越好，我們的人生之路就會越寬廣、越順遂。

在這個世界上，沒有任何人需要對我們的人生負責，除了我們自己。對自己的生命和人生負責的人，只需要做一件事情，那就是──更好地瞭解自我。

每個人的內心，都是一個宇宙。只是有的人眺望繁星，

有的人凝視黑洞。在我們凝視黑洞的同時，黑洞同樣也在凝視我們。璀璨的星空何嘗不是一如既往地在那裡閃耀，我們要做的，只是換一個視角，留意上帝為我們打開了哪扇窗，而非關上了哪扇門。

我們之所以沒有看到其他的可能性，是因為沒有留意到它的存在，是因為我們只是把注意力集中在痛苦之上。如果是這樣的話，我們將永遠都無法留意到其他的可能性——那個讓自己可以變得更好的可能性。

何不保持一顆開放的心，就此坐下來，閉上雙眼，放鬆身體，讓呼吸變得平靜，然後思考這樣一個問題——「如果命運是一條孤獨的河流，那麼誰會是我靈魂的擺渡人？」

> 只有在人格統一的基礎上，
> 那些阻礙和對抗個人成長的力量，
> 才有可能變成實現真正自我的力量。

我的「人生工具」── 心理學

　　很多人一聽到「心理學」三個字時，第一反應就是「太專業了」；也有人說自己不感興趣，或者越看越覺得枯燥；有人認為它只跟某些特殊人群 ── 有心理或精神疾病的人相關，也有人明明覺得自己很需要它，但卻因為自己或周遭對它狹隘的偏見，害怕或排斥它。

　　以我個人的理解，人生在世，無論人際關係還是社會關係，無一不與我們的心理有著千絲萬縷的聯繫。否則，我們也不會隨著成長而產生越來越多的問題。與其說心理學是一門科學，不如說它是伴隨我們一生的一個生活工具，這樣一來，它看上去也許就不會顯得離我們那麼遙遠了。

　　我們生活中大部分的痛苦，都源自人與人、人與事物之間的關係，源自我們不敢面對真實的自己和害怕面對問題的真相。當我們能夠處理好自己與自己的關係、自己與他人及

事物之間的關係時，大部分的問題就解決了。

　　我們都曾在年少時認為自己的力量可以改變世界，但等長大了才發現，原來世界並沒有想像中那麼容易改變，於是，我們開始想著如何去改變別人。我們一生都致力於此，想通過改變自身以外的一切來讓自己覺得舒服。可是，我們都知道，期望越大，失望就越大。於是我們在不斷地期望和失望之間輪回、痛苦、絕望。

　　只有智慧的人才能明白：人這一生，唯一能改變的，只有自己。

　　在任何一段關係中，如果想要改變現狀，我們都不應該把期望寄託在對方身上。我們所學的一切，都不是為了去改變別人，而是為了追求自我改變。改變也必須由「我」開始。一旦「我」改變，一切都將隨之改變。不要期待和指望任何人，尤其是與自己最親近的人。他們可能會改變，也可能不會。但無論他們是否願意改變，那都是他們自己的事情，我們不應該越過界限插手他人的事情，我們只能盡一切可能做好自己。我們無須去考慮結果如何，結果並不重要，重要的是我們在這個過程中所獲得的自我成長，這是生命的一切。

　　對我來說，心理學就是這樣一門實用的「關係學」。一個人，無法獨立於這個世界而存在，關係是我們存在的根基，也是反應自我的一面鏡子。因此，學會建立和維持與他人之間的關係至關重要，就像水對魚的重要性一樣，不可或缺。

　　心理學幫助我學會如何去處理人際間的關係、問題和衝突。不僅如此，它還教會我應該如何做出正確的選擇，以及

為什麼要做出這樣的選擇。

　　從廣義上來講，心理學能幫助我們重塑對生活、工作和世界的認知；從狹義上來講，它能幫助正在承受痛苦的人解決問題；從現實角度來講，小到去超市購物，大到人生抉擇，無一不與心理有關。心理學更像是日常生活中的「心理常識」，教我們站在不同的角度考慮問題，教我們不會輕易地被自己的情緒、他人的觀點、商家的噱頭或社會的主流認知所左右，從而做出更加忠於自己內心、更加有益於自己的決定。當然，從解決問題和痛苦這一點來講，它更像是一門「成功學」。

　　曾經聽過這樣一句話：「任何一段關係的品質都源自於層次較低的那個人。」但我並不認同這個觀點。

　　以最小的關係單位 —— 兩個人為基礎，如果我們認為自己的不快樂完全是因為對方的層次過低而導致，那麼這段關係只會越來越差，最終以失敗收場。相反，如果我們自己首先能意識到，快樂和幸福應該是自己給予自己的，而非通過外界給予的，那麼我們就自然會合理地劃分好自己與對方的界限。

　　在此基礎上，我們仍需要予以對方無條件的信任。當對方感受到的是這種無條件的信任和平等的關係，而非攻擊的敵意時，我相信，層次再低的人，也會感受到愛與溫暖，也會願意主動去試著做出改變。當然，我們也可能會遇到那種死活不肯改變的人，這也很正常。畢竟，我們只是整體中的一部分，我們能做的，只有自己先邁出有益於雙方的第一步，其他的事情，不是我們可以控制的。

人生最大的成功，莫過於成為真正的自己，擁有強大的內心和健全的人格。心理學能幫助我們探索自己和他人的內心世界，幫助我們解放被壓抑和扭曲的人格。正如心理學家卡倫・霍尼所言：「只有在人格統一的基礎上，那些阻礙和對抗個人成長的力量，才有可能變成實現真正自我的力量。只有當那些阻礙和對抗個人成長的力量變成實現真正自我的力量時，痛苦才會消失，取而代之的是成長的喜悅。」

　心理學是一個引導和幫助我們解決實際問題的工具，但它有自己的局限。就像再權威的心理醫生也常常會有他們自己解決不了的精神或心理問題、情感問題以及家庭問題一樣，他們也依然需要求助於其他心理精神治療師。這是人類知識層面的巨大局限。

　僅站在人的層面看待和解決問題，必然會受到局限。因此，我們必須學會站在更高的維度看待問題。

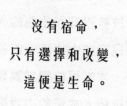

> 沒有宿命，
> 只有選擇和改變，
> 這便是生命。

我的「人生工具」──占星學

　　提到占星，我們腦海中冒出來的第一個念頭是什麼？占卜、寄託、娛樂還是消遣？如果我們僅僅把占星當作占卜，那我們就把鮮活的生命當成了固定的宿命，使之失去了流動性和無限可能；如果我們僅僅把它當成寄託，那麼我們就會喪失主動性和創造性，在原地等待「神」的恩典和饋贈；如果我們僅僅把它看作消遣或娛樂，那麼就太過浪費了宇宙賦予我們主動探索的能力和規避風險的資源。

　　「如果宇宙的法則沒有人類的認可就不運行的話，那整個宇宙將會是一團混亂。」這是瑜伽上師聖尤地斯瓦爾和曾經那個對星座一無所知的弟子尤迦南達所講的一番話。 他還說：「宇宙萬物相連，它們彼此交互著影響力，和諧的宇宙律動就根植於這種相互性。站在人類的角度而言，一方面，人類不得不對抗內在情緒產生的波動；另一方面，人類

不得不對抗外界自然的力量。人類終其一生,都在與這兩股力量較量。只要人類還在地球上為自身的生存而奮鬥,就會不可避免地會受到天地間無數變化的影響。而占星學正是研究人類對行星的影響所產生的反應的一門科學。星座本身並沒有好壞、對錯、善惡的意識,它們只是放射出或正或負輻射的能量。它們也並不會刻意地幫助或傷害人類,而只是提供一個平衡每個人過去的因與現在或未來的果的通道。」

占星不是占卜,行星用自己的方式向我們提出問題,並引導我們深入思考。答案在我們自己的思考與回答中。行星只是為我們提供一個更廣闊和更靈活的可能性,幫助我們從不同的角度思考問題,從更高的層面重新認識自己。

我們都對自己的命運好奇,我們都希望透過某種「神秘」的力量知道自己未來的命運如何。然而,什麼才是命運呢?

我們帶著生命輪回中所有的業力記憶(命)降生於這個地球,在成長中透過自發自動的行為和選擇造就「運」,如此譜寫出一段關於自己的「命運」。「命」只是出生時的那個點,我們無法選擇,但是「運」,絕大部分取決於我們如何選擇。

人生並非只有在遇到那些所謂的人生大事的時候,才需要面對選擇。當我們面臨不堪負重的生活時,人生之路往往都不是一條康莊大道,而是充斥著荊棘、坎坷與迷茫的路。對我們來說,這些平凡的日常生活中的抉擇也是一種考驗。如何正確地面對這些選擇與考驗,也就成了我們人生中最難的課題。

例如，我們到底應該做自己喜歡的事還是做應該做的事？我們應該去追求世人眼中所謂的成功還是發揮與生俱來的天賦？我們自己的天賦到底是什麼？我們此生的使命又是什麼？如何打破過去的業力所帶來的束縛？又到底應該向哪個方向前進？……

隨著我們對自己和生活的不斷探索，越來越多諸如此類的問題會在心靈深處拷問自己。

我們每個人都有自身的局限性，正因如此，我們不朽的靈魂才需要經歷各種體驗。這個過程充滿了不斷的變化和可能性，每一個選擇都是隨機的，而正是這種隨機性，使得生命絕不會變成一個固定的宿命狀態。

因此，沒有宿命，只有選擇和改變，這便是生命。

每一個人在出生的那一刻，行星所在的位置便透露了他無法改變的過去以及未來可能出現的結果——即出生星盤。

每一個人的出生星盤都顯示了個人因果寓言性的寫照，這些訊息並不是用來強調個人命運的，而是用來喚醒我們脫離自身業力束縛的。我們所做的，我們同樣也可以解除。因為這些限制從一開始就是我們自己的行為造成的，除了我們自己，沒有任何人是我們現在生活的始作俑者。因此，我們完全可以克服任何限制。

喜歡探險的人在出發前一定會仔細地查看地圖，在到達目的地之前，他絕不會輕易地將地圖丟掉。而出生星盤，就相當於我們的人生地圖。

行星為我們提出問題，它需要我們自己去思考、探索、發現和解答。那些具有預防意義的、甚至能為我們避開災難

性結果的問題，終究會對我們的生命產生一系列的重大影響。無論我們思考與否、探索與否、解答與否，它都會以我們應對的方式指引我們的生命之流。

變化，是生命唯一不變的特性。宇宙萬物都處於持續變化的過程之中，生命自然也不例外，它是一個持續變化、自然流淌的過程。我們能夠做的，就是去傾聽宇宙，順應生命之流。

生命的關鍵就在於成長、變化、前進，而非註定。行星從來不會強迫我們做出改變，它的能量就在那裡，能否充分利用它的有益能量或避免它的有害能量，完全取決於我們自己的意識層次和選擇。行星一直在默默地提醒我們關注自己內在最真實的渴望，如果我們願意選擇傾聽宇宙，我們的生命就能毫不費力地前行。

太陽星座是我們大部分人最為熟知的，它代表我們的核心身份認同（自我）、自尊以及渴望發揮最高潛力的抱負。

月亮星座表達著我們的內心世界——那個最感性和不為人知的一面，它是靈魂的面向。

上升星座和太陽、月亮星座不同，它並不是一顆實體的發光體，而是我們降生之時在地平線上升起的星座。它是天空與大地的交匯點，象徵著我們作為一個地球生命的起點。上升星座決定了我們人生之路中將要體驗的一切。心智健全的人會發展出來一系列合理的行為能力，我們越是多經歷和體驗由上升星座所指引的課題，就越貼近真實的自我，就越符合自我的人格特徵和行為。

水星、金星、火星、木星、土星分別給了我們在溝通、

情感、行動力等方面的能力和資源，這些都是作為一個鮮活的人的必備資源。

此外，還有三顆不可見行星也隱匿在更深的層面影響著我們，它們分別是天王星、海王星和冥王星。這三顆行星不同於其他行星的原因，是它們對於我們個性的發展，都有賴於我們潛意識的努力和提升，都屬於精神和靈性層面。從這個層面看，與瑜伽的方向是一致的。它們是我們更加接近宇宙的通道，也是通往終極自由和快樂的途徑。

月亮和凱龍星，有著極其重要的心理意義。它們不僅告訴我們應該如何從童年所經歷的傷痛中走出來，將那些痛苦轉化為成長的力量，還告訴我們應該向哪個方向努力。這又與心理治療的目的如出一轍。

我們都曾有過這樣的感受：在人生之路中迷失在某個地方找不到出口，需要一個指引。而真正的指引，絕不是很多人心目中占卜師和算命師所給出的現成的「答案」，因為那個關於宿命的定論，若是好的，我們便會在原地等待；若是壞的，我們便對未來失去信心。無論是哪一種宿命，都有礙于我們的成長。真正的指引，不是「神」的庇佑，而是思考宇宙提出的問題，是自己從問題中尋找答案，是相信成長的力量。

我常常會和朋友們討論這樣一個有意思的話題：「如果我們真的能夠穿越回過去，我們最想對過去的自己說些什麼或做些什麼？」答案天馬行空。

然而，一旦當我們瞭解到生命的本質之後，就會明白，即使有逆天改命的機會，這背後的事情也並非我們想像得那

樣簡單。因為即使我們收到了未來自己的忠告或建議，知道了一些捷徑，我們也仍需做出決定，每一個不同的決定又會將我們引向完全不同的方向，而在那個方向等待我們的究竟會是什麼，我們依然無從知曉。

無論怎樣選擇，面臨未知是我們唯一不可避免的事情。正是因為這些無法預測的未知，才賦予了生命如此神奇的多樣性和豐富性，才使得人們能夠投入當下去探索和發現未知，才能讓人們從探索和發現中經驗這個世界。誰又能說這不是生命的饋贈呢？

人生最終追求的，不應該是某個目標，而是達成目標的過程中，自己專注和投入的每一點一滴彙集起來的過程。那些沒能找到自己的使命、無法全身心投入和全然享受當下的人們，只能活在無盡的空虛、寂寞和無聊中。

我們也見過很多看上去似乎「走投無路」的人，他們只不過是自己把自己逼進了死胡同。他們相信了所謂的命中註定。一旦如此，他們的命運也只能是這般了。

生而為人，無論我們願意與否，「變化」是唯一客觀存在的事實，這是宇宙恒久不變的真理。學會讓自己去做對自己有益的「選擇」，是我們自立的前提。否則，我們就只能是一個尚未斷乳的巨嬰。

出生星盤所傳達的資訊，是宇宙榮耀的提醒。天空中不停轉換的黃道十二宮，試圖喚醒人類脫離每一種限制。宇宙生命創造的每個靈魂都被賦予了不同的個性色彩，不論我們暫時在人間扮演著什麼樣的角色，都是宇宙間不可或缺的一小部分。

那些盲目依賴占卜過活、或只相信宿命的人們，無非是想把一切自己不想要的經歷都推給外界和宿命，無非是想逃避自己的成長責任。而生命的目的，是成長和進化，人生只不過是一個古老的靈魂在一個身體裡暫住的過程。在這個過程中，如若我們能將靈魂安放在適當的位置，就會透過人生地圖的指引經歷各種無限的可能。我們越是瞭解自己、越是尋找到與宇宙合一的源頭，就越是能超越所有強迫性的束縛，越是能遠離各種痛苦與煎熬。

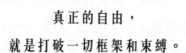

> 真正的自由，
> 就是打破一切框架和束縛。

我的「人生工具」—— 瑜伽

對我而言，瑜伽是一種生活的態度和智慧。

我想和大家探討的瑜伽，並不是大多數人所認為的，關於如何控制呼吸和身體高難度扭轉的動作和運動，而是接近宇宙智慧的靈性成長過程。它是幫助我探索內心的方法，是靈性的「覺知」和「成長」，是我們每個人都有的、潛在的探索終極自由的潛能。

真正的瑜伽，是一種與宇宙保持一致的、高度道德的生活方式。這種道德不是我們現在所理解的根據環境或文化而定的道德，而是指生活中真正的道德行為。或者我們可以這樣理解，這種道德就是生命本身所需的一切。比如一朵花，它會適時的開，適時的落，它只需要足以維持生命的養分和水分，它不會刻意去傷害另一朵花，更不會因為自己的欲望而去佔有其他生靈所需的一切⋯⋯

我們大部分人所理解和接觸到的瑜伽，是一種透過力量、訓練和控制，以便喚醒身體能量的運動。如果我們僅僅只是想讓身體更加健康，完全可以去做一些瑜伽運動。除此之外，我們還有更多的運動可以選擇，所有的運動都能達到強身健體或減肥塑身的目的。或者，只要我們透過攝取正確的食物，透過對身體的控制和正確的呼吸等等，也能讓身體擁有更多的能量。然而，這一切並不會喚醒靈性上的洞察力，也無法喚醒更高層次的能量產生。

　　這種更高層次能量的喚醒和轉化的前提，是「去除自我。」只要「我」還存在，頭腦就會永遠處於二元對立的衝突之中，因為頭腦最重要的任務就是計算和衡量——「我喜歡，我不喜歡；我是對的，你是錯的……」這是一種極其浪費生命能量的念頭和掙扎。只有當頭腦安靜時，才會產生出一種截然不同的能量，但前提必須「無我」。唯有如此，「我」才能和宇宙的頻率保持一致，才能與萬物合一，這就是瑜伽（Yoga）的本意。

　　偉大的靈性導師克裡希納穆提曾講過這樣一個故事：

　　有一個人去拜師學習如何冥想，他學著上師的樣子盤腿而坐，深入地呼吸，努力地想要捕捉到那些更高層次的能量。這時，他的上師拿起兩塊石頭，不停地在手中摩擦，弟子睜開眼睛，不解地問：「上師你在做什麼？」上師回答：「我在用這兩塊石頭做一面鏡子，這樣就能照見我自己。」弟子說：「這不可能，你做不到的。」上師說：「同樣的，我的朋友，你也可以永遠那樣坐著，那樣呼吸，但你永遠無法接觸到更高的能量。」

這個故事告訴我們，只要我們還有欲望和掙扎，我們就不可能接觸到更高的宇宙智慧。

　　關鍵在於，如何降低欲望和掙扎，如何讓頭腦安靜下來，因為只有在頭腦安靜的狀態下，傳說中那神秘的愛和狂喜才有可能發生。

　　仔細觀察我們與人類、自然、地球和宇宙的關係。作為人類的一份子，我們經由外界和他人認識與瞭解自己。脫離了外界，我們無法知道自己是誰。我們每一個人，都無法獨立於他人和關係而獨自生存。

　　事實上，宇宙中的一切都彼此緊密相連。海洋中的浮游生物、陸地上的森林和農耕吸收二氧化碳的排放，花草樹木為我們提供新鮮的氧氣，南北極的冰川將大部分的陽光反射以幫助地球降溫，讓我們更適宜生存。我們與自然、地球是密不可分的。

　　就量子力學的微觀世界而言，我們與周遭的一切都進行著粒子間的循環互動，沒有了這些循環互動，我們也可能會就此消失。

　　正因為人類不斷地探索，讓我們得到前所唯有的便利與舒適的生活，也正因為物質世界的刺激與膨脹，讓我們成了自以為掌控一切的「神」。我們已經全然忘記了自己在宇宙中所處的位置。當我們離宇宙生命越來越遠時，對生命的感知力就越來越遲鈍，直到我們變成一部部似乎被設置好的機器。

　　體驗和覺知「我」與外界一切關係的過程，便是「合一」的過程。這是內在心靈的探索之旅，是對真實自我的認知過

程。因為只有認識真實的自我，才能認識真實的世界。

　　覺知，是蛻變的開始，放鬆，是開啟覺知的唯一方式。隨著呼吸的平靜，身體的放鬆，肌肉的放鬆，神經的放鬆，頭腦的放鬆，心靈的放鬆……我們才能感到安全，當接納並放下一切時，才能感受到存在、無我、融合、狂喜和愛。

　　人生是一場「修行」。每當提到「修行」二字時，人們便會很自然地聯想到各種苦行僧式的修煉，其實不然。在我看來，修行，就是不斷地修正認知和行為。

　　我們透過人生的旅途不斷前行，在此過程中不斷地拓展視野，不斷地打破自我認知的邊界，不斷地修正自己認知行為的過程，就是修行。而我們的行為，正恰恰反映出我們的世界觀。如果我們把人生比作一場朝聖，那作為朝聖者的我們，是在借助外在的旅程完成內在的旅程。

　　可是，如果我們只習慣於把自己認同於這個軀體，那我們的心靈就會受到各種限制，一旦心靈受困，痛苦就會隨之而來。

　　打破一切認知常規，不斷地從隨時隨地的生活中去探尋和發現真理很有必要。在探尋和發現真理的過程中，智慧便會顯現，我將其稱之為「人生哲學」。

　　或許有人會覺得「哲學」兩個字，離我們既遙遠又深奧。事實上，它不過是思考事物和探尋本質的一種方式。它讓我們學會站在不同的角度去深入地探尋問題的本質，而非只是活在別人的口中。它作為一種思考事物的方式，與我們每個人、每天的生活都息息相關。每個人的生命都充滿著無限的美好，我們如何與自己的痛苦和平共處，如何從眼前的幻覺

中解脫出來與自己的靈魂和諧相處，這些問題的解決方法，就藏在整個思考和探尋的過程之中，而這個過程，就是我所理解的哲學。

然而，我們也不能總是滿足於停留在某個知識體系和哲學概念中，因為一切我們已知的，無論是知識、思想、記憶、傳統等等，都是過去的累積。所有一切的累積，都只會限制和束縛我們，把我們圈在一個框架裡，阻礙我們的發展。唯有不斷地發現和打破那些局限、框架和束縛，我們才能獲得真正的自由。

如果我們能夠意識到——我們的生命承載著整個宇宙，我們的內在與宇宙是和諧統一的，才能真正瞭解「我是誰」、「我和宇宙的關係」以及「我在宇宙中所處的位置」。

我們需要悉心聆聽內在和外在宇宙的聲音，整合內外的一切資源，找到通往未來和自由的路，這就是生命給予我們的課題，這需要我們用一生去完成。

萬事萬物循環往復，緊密相連，前進是生命唯一的目標。此刻的「我」是基於「我」之前的選擇，而之後的「我」則基於「我」現在的選擇。因此，之前的「我」是什麼已不再重要，最重要的，是此刻的「我」該如何選擇。不要等到生命最後的那一刻才突然醒悟，更不要到了生命結束之時，仍然不知道它究竟賦予了我們什麼。命運，就把握在此刻我們自己的手中。

心理學是探尋「小我」的工具；占星學是探尋宇宙對人類影響的工具；瑜伽是探尋「大我」的工具。

我不知道心理學、占星學和瑜伽是從何時以及以怎樣的

方式融合成為我的「人生工具」的，但當我意識到它們是那樣自然而然地融合在一起並貫穿於我生活的全部時，我並沒有感到驚訝，反倒覺得它們就是那樣簡單、自然地發生了，就像生命從一個維度跨越到另一個維度一樣簡單和自然。

這些「人生工具」幫助我從不同的角度和維度深入地探索心靈，並跳出已知的、固有的、對立的和僵化的思維模式，去發現自己、找到自己、瞭解自己。在瞭解了一切事物的本質之後，我才頓悟，原來，生命竟然可以如此簡單而精彩的呈現。

在這個世界上，也許並不存在人人統一受用的「人生工具」，正如佛學的教導：「眾生有八萬四千無數煩惱，為對治此無量煩惱，佛陀說八萬四千種種法蘊，令眾生入佛法中。」

條條大路通羅馬，最重要的是，作為一個生命，我們需要清楚地知道「我究竟是什麼？」「我為何而存在？」「我究竟想要什麼？」以及「我最終將去向哪裡？」

想要瞭解這些問題並找到答案，就必須親自去探尋真理，真理並不在某個地方原地等待我們，它只會在我們探尋的路上和我們不期而遇。

古今中外，歷代賢哲都一直在教導我們，人生的好壞，取決於人們怎樣去理解人生。一個人對人生的理解越通透，他的生活就越順遂；反之，他對人生的理解越含混，他的生活就越波折。真正的信仰亦源自於此。只有在探尋真理的路上，我們才能擁有真正的信仰和智慧，最終，這一切才能幫助我們順遂地、毫無摩擦地在這個世界中前行。

古埃及人評價一個人的生命是否美好的關鍵，在於兩個問題——「你帶來快樂了嗎？」和「你找到快樂了嗎？」或許，我們可以帶著這個問題展開對生命的思考；或許，我們也可以打破這個思路從其他角度開始思考。

第四章
人生課題

每當你發現自己和大多數人站在一邊，你就該停下來反思一下。

思考人生

兒時的我，常常喜歡仰望天空。無論白雲朵朵的藍天，抑或繁星點點的星空，都總能讓我產生一種特殊的感覺。我常常望著天空出神，目不轉睛地看著雲卷雲舒，看它們從兔子的形狀變成魚的形狀；從烏龜的形狀變成馬的形狀；從小熊的形狀變成大灰狼的形狀……我望著飛機劃過天空留下的那條長長的痕跡，心彷彿也隨之而去了，我幻想著某個遙遠、未知的地方。

我對天空倍感著迷，對我來說，那是一種絕對自由的感覺。那未知的、變幻莫測的；那驚喜或出其不意的；那好奇和浮想聯翩的感覺對我來說，都是一種極其深度的寧靜、安

逸、和安全的感覺。

一旦將目光從天空移至自己的周圍，那種寧靜和安全感便瞬間被打破，伴隨的是緊張和嘈雜的氣氛。我不知道自己為何會有這種感覺，我曾小心翼翼、試探性的問過幾個人，但似乎沒有人能理解我的感受，更沒人在意一個幾歲小女孩的感想。

那個時候，我總是很好奇「人們為什麼總是忙忙碌碌的？」父母每天朝八晚六，每週連軸工作六天。母親總是在跟我形容她每天上班的情形——像個「瘋子」一樣地踩著單車沖向工廠大門，在還差幾百米就到工廠的時候，上班的鈴聲就響了，伴隨著鈴聲，工廠的大門開始緩緩關閉。母親總是能在大門馬上就要完全關閉之前沖進廠門，迅速打卡，然後才能長長地松一口氣，因為她終於不用怕遲到被扣錢，也不用擔心要挨領導的罵了。她總是跟我形容她每天的生活節奏是多麼地緊張。

我不理解，人們既然不喜歡自己所做的事情，為什麼還要去做？既然充滿痛苦，為何還要去重複那些痛苦？我總是看到身邊的大人們狼狽地被生活追趕著跑，他們就像我那個上了發條的玩偶一樣，發條永遠處於擰緊的狀態，永遠都停不下來。

「既然不喜歡，為什麼還要日復一日地去重複那些痛苦？」這個問題一直縈繞著我。我想，這大概是我人生當中，最早對於「人生應該怎樣度過」的思考雛形了。但那時的我並不知道，關於人生應該如何度過這個問題，早在千百年前，就已經有人開始思考了。只是我身邊從來沒有人思考過

這個問題，也沒人跟我講過這個問題。人們棲棲惶惶，只為生計而奔波忙碌。

母親總是跟我說，生活就是如此，因為大家的父母都是如此，身邊所有人都是如此，所以，我們也「應該」如此。她說等我長大就明白了。看上去，她好像回答了我的問題，但我卻並沒有得到真正想要的答案。

周圍所有人都表現出好像明白或理解一切的樣子，而我對此卻一直深感疑惑。我們通常都是在幾歲大的時候，被輸入那些所謂的定論，然後那就成了我們一生的信條。然而，我似乎從小就是個不容易被不明不白的東西所影響的人。我在等待自己長大，我在尋找我想要的答案。

可是，隨著年齡的增長，那個童言無忌的「奇怪問題」始終未得到滿意的答案。

我相信有很多人都和我一樣，在童年時代會產生類似的疑惑，但隨著年齡的增長，我們會慢慢覺得那是因為我們太小，太不懂事，所以才會提出那樣「奇怪」的問題。但事實上，童年我們提出的那些看似奇怪且無聊的問題，都是關於生命本質的思考——我是誰？我是怎麼來的？我應該做什麼？我最終要到哪兒去？

這些看上去似乎既抽象又可笑的問題，卻恰恰是能解決生活中諸多煩惱的關鍵所在。可惜的是，大部分人，隨著年齡的增長，都不再去思考這些問題。

誠然，在吃不飽飯的艱苦年代，人們為糊口奔波無可厚非。但如今，在人們的生活條件早已超越了溫飽問題的前提下，內心的痛苦卻有增無減，這個問題顯然就需要我們重視

了。

　　我們隨著年齡的增長，煩惱越來越多──該上哪所學校？該學什麼專業？該選哪種職業？……身份的焦慮、人際交往的困惑、情感的迷失……我們被外界輸入的意識形態所包裹，逐漸地離生命的本質越來越遠。

　　我們大多數人，一生都在「應該」中度過──在家當聽話的孩子，因為我應該聽父母的話；上學當好學生，因為我應該成為老師眼中的好學生；結婚去過所謂的安定生活，因為別人都結婚生子了，所以我也應該結婚生子；去追求所謂的成功，因為別人都成功了，所以我也應該成功……我們一直不自覺地、一代又一代地重複著某種循環，並將永無止境地重複下去。我們將自己封閉在狹隘的學習、工作、生活、傳統中，盡職盡責，僅此而已。最終，我們都在不知不覺中變成了平庸之輩。

　　「最可憎的是人就此沉入一種麻木狀態。既然你要做的一切都是別人做過一千萬次的，那麼這事還不令人作嘔嗎？比方說你我是二十六歲的男女，按照二十六歲的男女應該如何如何，於是我們照此做法，一絲不苟。那麼我們做人又有什麼趣味？好像舔一隻幾千萬人舔過的盤子，想想都令人作嘔。」作家王小波曾這樣形容人類麻木的狀態。

　　的確，在我們周圍，麻木之人隨處可見。最有意思的是，他們會將自己的麻木美曰其名為「平凡」，並打著「平凡」的名義掩蓋其內心匱乏、平庸的事實。

　　人人都是平凡的人、平凡的生命，但平凡不代表不能精彩；平凡不代表不能盡情活出自己；平凡不代表不能綻放生

命力。

　　一朵平凡的花朵，在於它能在自己的「有生之年」盡情綻放，它用自己的平凡、自己的生命力給這個世界帶來了無限的美好，這不僅僅體現在它外表的美麗上，還有它本身所存在的價值和意義，它對其他生命——蜜蜂、蝴蝶以及這個星球上最高級的動物——人的作用。

　　真正的平凡，是不平凡的。

　　另一方面，人們又總是為了讓自己看起來不平凡，去追求所謂的「成功」。

　　從小到大，我們都始終被灌輸著所謂「成功」的觀念，似乎只有成功才是每一個人存在的理由。它讓我們在不知不覺中陷入競爭當中，並將他人視為自己的競爭對手。如此一來，內心便永遠無法寧靜淡泊。在緊迫和緊張的驅使下，我們的童年被剝奪；青少年時期被課業所填滿；中年又被金錢、房子、車子、孩子和老人所壓垮；老年還得給兒女、孫子倒貼……一輩子都過得悲悲戚戚。回顧一生，我們像螻蟻一般忙碌和辛苦，卻很少收穫真正的幸福與喜悅。這一切，影片《魔鬼代言人》中末尾的那句臺詞總結得恰到好處——「虛榮，無疑是我最愛的罪。」

　　常人眼裡所謂的「成功」，只不過是向他人展示的一種虛榮。而一個真正優秀的人，就像一朵綻放的花，只有當他成為自己時，他才能綻放完整的生命力，只有那時，成功才會如約而至。

　　而我們一邊陷入平庸的死循環，一邊又掙扎著想要變得不平凡。我們在天秤的兩端顧此失彼，被生活撕成兩半。

舒馬赫曾說自己從小學到大學，在那些有關生活和知識的地圖上，壓根兒就找不到自己最在乎的事物，他在滿腹疑惑中度過了很多年。直到他不再懷疑自己的看法是否理智，而是懷疑地圖是否全面可靠。舒馬赫所說的地圖，就是一個人的心智模式。

　　我們很少有人去思考，我們為什麼上學和工作？我們為什麼感受不到快樂？我們為什麼不能打破或跳出這個死循環？我們為何不能做自己喜歡和想做的事情？既然我們看到每天有那麼多人為了追求成功和優秀陷入各種各樣的焦灼、麻煩、糾結和痛苦之中，為何還要步他們的後塵？這個我們認為理所當然的人生，真的正常嗎？

　　我很認同尼采對人生之路的闡述——「你有你的路，我有我的路。至於適當的路，正確的路和唯一的路，這樣的路並不存在。」

　　然而，大部分人都在跟隨頭腦，去追求所謂的「正確的路」，去重複大多數人所走的「安全的路」。當一個人在不幸福、不快樂的前提下，去追求任何所謂的「優秀」和「成功」都是毫無意義的。因為，最終他都會發現，無論他獲得了多少所謂的成功，都無法帶給他持續的幸福感，他會因此困惑和失落，於是又去追尋其他能令他快樂的人、事及物。

　　其實，我們都知道，其結果就是陷入永無之境的欲望循環當中，每一次欲望的達成和滿足，都無法給他持續的快樂，而每一次沒有達成的欲望，卻會像一隻無形的黑手攪動著他的內心，使其焦灼與不安。因為從一開始，他就已經將生命本末倒置了。真正的快樂源自內在，而非外在的任何東

西。

一位哲人曾說：「我為了尋求幸福，走遍了整個大地。我夜以繼日不知疲倦地尋找這幸福。有一次，當我已經完全喪失了找到他們的希望時，我內心的一個聲音對我說：『這種幸福就在你自身。』我聽從了這個聲音，於是找到了真正的、始終不渝的幸福。」

為了尋求幸福，我們都始終向外去尋找，以為找到了所謂的「成功」或「優秀」就能得到幸福。然而，如果我們不能把生命本身當成一種幸福，那我們將永遠不幸。我們似乎已經忘了，作為一個生命，最珍貴的不是「得不到」和「已失去」，而是把握當下的能力。

當一個孩子從哪裡跌倒，就從哪裡勇敢地爬起來時，他是成功的；當一個有閱讀障礙的人，能夠流利地閱讀一段文字時，他是成功的；當一位因車禍而導致下肢嚴重受傷的病人重新站立時，他是成功的；當一位絕望到要放棄自己生命的人重獲對生活的信心時，他也是成功的……當一個生命，呈現出他真正所是的樣子時，他就是成功的。

一個剛剛會爬的孩子，可能會被地上的一片樹葉所吸引，他會好奇地把所有的注意力都放在那片樹葉上，看著樹葉咿咿呀呀的笑，把葉子拿在手裡翻來覆去地看，體會樹葉帶給他的新奇與快樂，會把手裡的葉子遞到你的面前，似乎想告訴全世界「我發現了一片神奇的樹葉！」再大一點的孩子，可能會喜歡畫畫或者樂高，他們會因為喜歡並享受那個過程而忘記周圍的存在，投入其中的過程令他們快樂。可是，我們會發現，當孩子上小學、中學、大學直到成年工

作之後，他們的快樂指數會隨之降低。一片樹葉顯然無法帶給一個成年人什麼驚喜，甚至連小學生也不會為之動容了。

從小到大，功利性的成功幾乎主宰了我們的一切價值觀。人們為了追逐所謂的成功，急功近利，甚至可以不擇手段地犧牲一切。

我們在一個不允許犯錯的環境下成長起來，功利心讓我們一心只想著成功，卻無法接受失敗。然而正是這一點導致了我們人生更大的失敗。

我們從來沒有接受過任何有關於如何讓一個生命成為它真正的存在、如何讓一個生命更好的成長、以及如何讓一個生命釋放天生自帶的快樂與喜悅的知識。人類似乎已經拋棄了自己只是一個存在的事實，在頭腦中構建出一個所謂的成功的概念，並瘋狂地追尋那個幻象。

我們總是理所當然的認為長在脖子上的是自己的腦袋，但其實裡面裝著的往往是別人的教條。當我們不切實際地去瘋狂追尋所謂的成功時，就已經忽略了自己內在真正的感受，遠離了真實的自我。當我們內外無法和諧統一時，痛苦就會隨之而來。

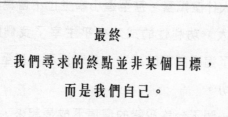

> 最終，
> 我們尋求的終點並非某個目標，
> 而是我們自己。

尋找人生的意義

人生的意義到底是什麼？關於這個話題，人類從古至今從未停止過探索的腳步。

每個降生於這個世界的人，都面臨著未知的人生路。因為未知，所以害怕，因為害怕，所以我們習慣於去走大多數人走的路。我們帶著各自不同的業力基因和記憶，複製著大多數人的足跡。然而，卻對此舉究竟是否正常、是否合理、是否真的有益於自己一無所知。

我們隨時隨地都在無意識中創造著自我，我們總是以為自己知道自己在做什麼，但其實，所有行為的背後，都是無意識的假設在發揮作用，但這個過程是我們大多數人都不曾意識到的。

「自我」持續在體驗中被創造和強化著。我們似乎都對自我瞭如指掌，但遇到問題時卻困惑迷茫，我們試圖用頭腦

去解決生活的問題，顯然，這是我們認為最明智的做法，然而，卻總是事與願違，即使個別的問題得到了解決，人生中接踵而來的問題似乎永遠都排著長長的隊，有待於解決。於是，頭腦又幫我們想出一個「解決問題」的辦法——那就是不去理會它，有時結果好像真的起了點作用。但是過不了多久，我們就會發現，不理會它不代表它就會自行消失。問題依然存在，而且擱置它產生的連帶問題越來越多，痛苦像滾雪球一樣，越滾越大，以至於到最後自己無力招架。

宇宙給了我們那些先天毫不費力的生存能力和累積認知經驗的辨別能力，它們都是幫助我們前行的工具，只是，如果我們僅限於用過去的認知和經驗來解決現在的問題，必然會費心費力。如果不打破這個局限，繼續更新我們的體驗和認知能力，迷茫就始終會伴隨著我們。這就像電腦一樣，如果我們現在還想用 DOS 系統來運作，困難和失敗就是必然的。

我們大多數人都沒有覺察到心靈與我們諸多問題的關聯，甚至沒有留意到心靈有意識或無意識的思考過程。生命來到這個世界的目的，是經驗這個世界，並透過經驗成長、改變和進化。

意識本身無法做出選擇，它只是觀察。但心靈可以，生命通過心靈做出選擇。可惜的是，人一旦變得僵化，就會迷茫。因為他們不知道自己是誰，為什麼要向某個方向前進。

心靈就像太陽一樣滋養著整個生命。

從宇宙角度來講，太陽——這顆核心占整個半徑的 25% 的巨大恒星，由內在重力創造出驚人的溫度與壓力，

將氫融入氦當中產生核聚變，太陽核心的溫度大約 1500 萬攝氏度。所有的能量從核心到達輻射區域的對流層，平均要花 17 萬年。熱電會在對流層生成永生的熱電泡泡，最後到達太陽表面，厚度為 483 公里厚的光球層，這是一個氣體區塊，這裡的溫度為 5500 攝氏度，而且含有粒狀斑點，每個電漿細胞的直徑為 966 公里。再往外，就是日冕層，它是太陽薄薄的大氣層，這裡的溫度再次變熱，達到 200 萬度。正是這顆巨大的氣體電漿球，滋養著萬物的生長。可以說，沒有太陽，就沒有生命。

正如太陽是太陽系的中心一樣，從占星角度來講，我們每個人的太陽星座也正代表著我們的個人中心——自我核心身份的認同、自尊、個性、身份以及渴望發揮最高潛力的抱負。

太陽星座通過一系列無意識的假設創造出「自我」，讓我們感受到「我」是「我」，感覺到「我」存在著，「我」受到關注，感知到「我」的獨特，它用「我自己」的視角和方式表現生活。

太陽協調著我們的統一性和目標性，它需要我們不斷地透過它所在宮位所代表的行動領域來經驗自我。每一個人都會通過自身的太陽經驗這個世界，從而實現更深層次的心靈整合，它使得我們的人格統一、和諧。它讓我們知道自己是誰，自己想要什麼，而且還需要我們用行動來表達。太陽需要我們去發現自己內心真正的渴望。

一個失去太陽能量的人，就會顯現出內在的矛盾與衝突，他會缺乏意識、統一性和目標性，會失去方向，感到迷

茫，因為他不知道自己是誰。

我們降生於這個世界，雖然擁有生理上的身體結構，但卻沒有自我覺知。我們都曾看過嬰幼兒的眼睛，他們清澈的眸子裡閃爍著空靈，完全沒有自我的痕跡。但是，隨著他們逐漸長大成人，就會慢慢變成一個戴在自我意識上的面具。正如莎士比亞所說：「世界是一個舞臺，所有的男人和女人只是演員。」一個沒有人格面具的人，他將無法向他人展現自己，他人也無法注意到他的存在。一個在他人眼中不存在的人，就像一個透明人一樣，他會感到孤獨、失落、害怕和失控。因此，我們都有自己的人格面具，一個人格就是一副面具。英文單詞「Personality 人格」，就源自拉丁文的 persona，即「面具」的意思，暗示了「人格」的社會功能。

心智健全的人會逐漸發展出一系列最符合內心的、合理的、有目的的行為能力。一個人的行為模式就由他的上升星座來創造。上升星座並不是一個發光體，它是我們降生於地球時天空與大地的交匯點，這個交匯點象徵著我們地球生命的起點。

上升星座決定了我們在人生道路上將要體驗的一切，以及以什麼樣的行為方式來表現自己，用什麼樣的外在形象來展示給世界，給別人留下的感覺以及他人對自己的印象。

只是，我們內在的豐富性絕不是一個角色就能完整詮釋的。我們內心真實的樣子，總是比我們所扮演的角色要豐富得多。

多少偉大的書籍都在探討生命的意義，心理學家阿德勒在《自卑與超越》一書中提到：

「每個人，透過他們的行為模式，已經回答了他們對『生命的意義』的解答，他們的行為、習慣、態度、認知、性格、志向等等特徵都在闡釋他們對生命意義的理解，並確信無疑自己的理解是正確的。然而，並沒有一種絕對正確的普世的人生意義，每一種人生的意義都是由不同的個體賦予的，因此，人生意義的絕對論在某種意義上來說，是錯誤的。」

我們生活在這個世界的大舞臺上，每個人都需要一個面具，即我們所扮演的角色。我們也常常表現出最符合自己內在需要的一個角色，我們對這個角色的反應越敏感，我們就越感覺貼近真實的自我。但前提是，我們必須本著對自己絕對誠實的態度，對真實的自我有所瞭解，這是一種智慧。如果我們抱有自欺欺人的態度，忽略真實的自我，去追求理想中的自我，那我們就會失控。

「一個人的瘋狂和不正常的程度取決於他的個性和他的本質之間的分歧程度。他對自己的瞭解與他真實的樣子越接近，他就越擁有智慧。他對自己的想像跟他真實的樣了相差越大，他就越瘋狂。」占星師羅德尼·科林曾這樣寫道。

執筆至此，我不禁想起一部非常優秀的電影——《Soul 心靈奇旅》。這部老少皆宜的經典動畫影片，引發了我對人生更多的思考。

「我聽過一條魚的故事：一條小魚遊到老魚身邊問它：『怎樣才能找到它們稱之為海洋的東西？』『海洋？』老魚問，『你現在就置身于海洋之中啊！』老魚回答。『這裡？這是水，我想要的是海洋。』小魚說。」

這段對話，是《心靈奇旅》中一個令我印象深刻的片段。這條小魚的想法恰恰道出了我們大部分人的內心潛臺詞。

　　電影講述了一位普通的、酷愛爵士的音樂老師 Joe，追求成為一名夢寐以求的、真正的爵士鋼琴家的故事。

　　故事中，Joe 終於在某一天獲得了一位爵士樂大師的賞識，得到一個可以實現夢想的機會，卻因為太過興奮，在路上發生意外，瀕臨死亡。在這個時刻，他的靈魂來到一個酷似天堂的地方──「The Great Beyond 生之彼岸」，但由於他對爵士音樂的熱愛和執著，他不願就此死去。於是，他極力反抗，結果一不小心穿越多維空間，來到「The Great Before 生之來處」，即生命開始之前的地方。

　　在那裡，成千上萬的靈魂聚集在這個被稱之為「心靈學院」的地方。所有靈魂都需要被培訓，要找到與之相匹配的人格，找到自己獨特的天賦與喜好，最後，還要找到點燃生命靈魂的「spark 火花」，然後才有資格前往地球「投胎」。

　　這正是我們出生星盤中月亮南交點所代表的含義──我們每個人與生俱來的天賦。它包含著我們生命不斷流轉積累下來的業力基因。業力基因是一種記憶，它包含了一切人類共同的記憶、行為模式、以及我們從父母那裡遺傳而來的各種特質。它蘊含著我們的過去，也代表著我們和他人的不同之處──我們的天賦和獨特性等等。

　　我們大都會以為控制自己行為的是「我」，即「我控制著我的一切。」但事實卻恰恰相反，我們的行為模式是由無意識所支配的，而「我」根本意識不到這一切。

　　心理學家弗洛依德的《冰山理論》提出：「人的意識組

成就像一座冰山，露出水面的只是一小部分，而隱藏在水下的絕大部分卻對其餘部分產生影響。」顯然，我們所能意識到的，就只有露出水面的那一小部分，但我們的行為模式，大部分都由無意識所驅使。

所有無意識的存在，都在月亮南交點中顯現，並且，它會指引我們此生需要經歷些什麼。毫無疑問，月亮南交點對於我們的成長和生活起著至關重要的作用，但同時，它也有自己的局限性。所以生命才需要成長與進化的方向，而月亮北交點就是那個前進的方向，那是我們每個人不同的進化方向。否則，一個不成長的生命，就等同於消極的宿命論者，就只能等待命運的宣判。

如果我們不快樂，說明我們沒有發現和找到自己的天賦與使命，或者說，我們已經遺失了自己的靈魂。

從小，我們接受的教育都是物質層面而非生命層面的，父母和老師沒有教過我們如何才能成為一個更好的生命，而那些過分功利化的教育，讓我們在「沒用」、「沒出息」、「不務正業」等等各種框架和規範下，逐漸被塑造成一個個必須「成才」或「成功」的人肉皮囊，否則就好像低人一等，或不配活著一樣。

正是那些荒謬的教育，誤導我們產生執念，讓我們不斷偏離真實的自我，遠離自己的靈魂。而一個脫離了靈魂的肉體，只不過是行屍走肉。

影片「忘我之境」中的那些黑色靈體，正是一個個脫離了肉體的行屍走肉，他們被自己的執念包裹著，陷入碌碌無為、麻木不仁、壓抑焦慮、暴戾偏執的惡性循環中無法自拔。

那些從小被寫入我們「程式」中的「成功」，讓我們不自覺地努力追逐「海洋」，而忘了自己正身處於富饒的海洋之中；那些所謂的夢想和人生的意義變成了執念，導致我們固步自封、失去與他人的連接，失去和世界的來往與互動；那些我們渴望的「光環」，終將導致我們自己的生活逐漸枯萎與沒落。

我們總是想找到宏大的生命意義——那些被定義的「成功」。但生命的意義究竟是什麼呢？那些與生俱來的天賦究竟賦予了我們什麼樣的人生使命呢？

如果我們能夠真正理解每一個生命都是獨一無二的，那麼我們就能明白，所謂的「成才」或「成功」，都只不過是對「夢想」和「意義」過分功利化的產物。世界因為每個生命不同的天賦和使命而變得多姿多彩，如果每個生命都向著同一個方向前進，那個場景有多可怕是可想而知的。

影片中，有一個滯留在「心靈學院」最久、讓無數名人導師和千年資深靈魂都束手無策的主角——「22」，它寧願選擇永遠做一個虛無的靈魂，也不願投胎做人。因為永遠都有一個黑色的陰影與它如影隨形，那個陰影永無止境地責備它「都是你的錯！」「你永遠也做不好！」「你就是個平庸的人！」「你簡直一無是處……」那些「詛咒」讓「22」覺得自己根本不配做人，與其陷入「人」的痛苦，倒不如永遠做一個自由自在、桀驁不馴的靈魂。

這正是影片所表達的心理層面的意義：在指責與貶低中長大的人，低自尊使得他們認為自己不配「活著」。在那個對一切默然和無所謂的外表之下，隱藏著的，是充斥在靈魂

深處對生活的失望、擔心、恐懼以及憤怒。他們害怕面對這個世界，他們覺得自己不夠好，不配活在這個世界上，他們常常被生活嚇到，以為自己必須很強大才能夠面對生活的痛苦。

然而，當一個生命敢於直面生活的痛苦並願意為了更好的成長而做出改變和努力時，他就會發現，世界並不都像自己曾經歷的那樣冷漠與悲涼。

不是所有人都能有像影片中「22」與男主角 Joe 一樣陰差陽錯、靈魂交換的體驗，但只要我們願意傾聽內心，跟隨內心的聲音，就一定能找到能令自己重生的「spark 火花」。

人生需要我們運用自己不同的天賦創造不同的價值，而所有的價值，也都是無法用金錢來衡量的。就像影片中，「22」為街頭藝人打賞了一塊麵包一樣。看到這裡時，所有的觀眾都笑了，但笑料背後，是我們對人生價值觀的思考。

「22」作為一個初來地球報導的生命，他帶著嬰兒般的眼光看世界。在他的眼中，路人給街頭藝人打賞的金錢只不過是一張紙。但對他而言，最珍貴的是食物，而不是像紙一樣的「錢」。因此，當街頭藝人的演繹打動了他，使他感受到人間的愛、溫暖與美好時，他便將自己最為珍視的半個麵包圈給了街頭藝人。

很多人看到這裡之所以會有一種久違的感動，是因為我們都已經忘記了用新生兒的眼光看待這個世界，忘記了唯有感受和愛，才是最真實的一切。

接觸心理學、宗教、哲學和瑜伽的人，最常聽到的一個

詞，便是「意識」。

讓‧保羅‧薩特在《存在與虛無》中這樣寫道：「意識是一種沒有任何內容的純粹透明的存在，純粹的意識便是虛無，它不是其所是，而是其所不是。」

正如我們對「我」的理解，至少，我們要知道「我」並不是單純地指這個身體，也不是單純地指這個頭腦和它所創造出來的念頭與思想。既然意識的本性是純粹的虛無，那也就意味著，世界上沒有任何東西能夠證明「我應該接受這樣或那樣的價值觀」了，這便是終極自由。

影片中的「22」便是那個純粹的意識，也正因如此，它與男主角 Joe 陰差陽錯地回到人間後所發生的一系列際遇才有了意義。

當「22」進入 Joe 的身體，透過他的身體來感受人間的一切時，它才會經驗這個世界，用自己的行為和選擇來填充「虛無」，成為一個所謂的「人」。

就像我們常常看到一個剛出生不久的孩子，他的眼裡充滿了清澈的空靈，那是一種來自宇宙天地間的靈氣，但是隨著他的成長和經歷，那份清澈的空靈會漸漸地消失。在他的身上，多了人性，少了靈性。

我們每一個人，也都是在選擇中成為我們選擇成為的那個自己。

影片中 Joe 的理髮師最初的夢想是成為獸醫，然而卻因為經濟原因最終成了理髮師。他說「用推子和真誠，讓顧客的生活像髮型一樣美好起來，這和當獸醫其實一樣。」

的確，無論透過哪種方式，都是在幫助別人，只不過

是借用不同的工具罷了。真正重要的，是積極投入生活的態度，是樂於助人的善良，是順其自然和隨遇而安的人生境界。

這也完美地詮釋了我們出生星盤所指出的生命的多樣性和可能性。作為一個生命，我們要不要前進，向哪個方向前進，選擇權都在我們自己手中。成長之路必然會遇到分叉口，如何選擇，如何決定，如何面對未知就成了我們必須學習的人生課題。

生活要有目標，但這並不意味著我們必須為了目標而活。人之所以要有目標，不是要讓我們不達目的誓不罷休，而是要讓我們學會調整方向，學會放下，然後重新啟程。否則，就成了執念和偏執。放下不代表放棄，成長蘊含在我們前進的每一步之中。有時，在追求目標的路上，學會適當地放手也未嘗不是一個明智的選擇。

找到並運用自己獨一無二的天賦，做自己擅長的事情，過好平凡人生中的每一刻，就是不平凡的人生。

如果要我們立刻回答這樣一個問題：「什麼才是你真正想要的？」相信很多人都無法即刻回答出來，又或者會給出一個既定模式的答案，比如「好的工作、好的伴侶、大房子、新車、很多錢」等等。但是，什麼才是好的工作？好的伴侶？

如果我們從來沒有深刻地思考過這件事情，那麼，現在就有必要深入地思考一下了。否則，我們就會一不小心成為「忘我之境」中的黑色靈體，整天都在為了「達成目標」而努力，卻不知道那個目標究竟是誰的目標？是不是自己喜歡的目標？達成它究竟為了什麼？它能給自己帶來什麼？

「忘我之境」的另一個作用，是從現實世界通往靈魂世界的通道。它是人們在現實生活中完全投入並快樂地享受當下的平靜與喜悅；是身心靈的合一；是專注和忘我。它的另一個名字，叫「心流」。它也是靈魂棲息的天堂，當迷失自我時，人們可以暫時回歸內在，全然地沉浸在內在體驗當中，感受生命的本質，體驗內在平靜帶來的愉悅。這個過程，被稱為「冥想體驗」。

　　也許有人會問，「冥想」和「逃避」的區別在哪裡？這是一個好問題！

　　逃避是人們因為不想面對現實，而採取的種種手段，人們想透過這種辦法抹去意識；而冥想，是讓自己回歸內在，更好的傾聽自己、感知自己，從而更加瞭解自己，瞭解現實，最終更好地面對現實。

　　我們口中所說的這個「我」，完全基於時間性。時間，不僅僅只是我們所理解的用來記錄年代順序或事物變化的工具，它也是一種心理記憶。

　　偉大的心靈導師克裡希納穆提曾這樣講述——

　　「我們基於時間的維度生活，是時間的產物。我們所說的『當下』是過去走向未來的通道。我們的存在、思想、活動全都建立在時間的基礎上。思想是基於記憶整合過去的產物，記憶便代表時間——心理層面的時間，它是心靈的產物，是今天之前所有過去的記憶。但是，這個記憶並不是真實的、可以被當作一種認識永恆和無限的手段。」

　　「當我們與家人、孩子嬉戲玩鬧而忘我的時候；當我們欣賞日出日落，在美景中陶醉的時候；當我們被一副美麗

的畫所吸引的時候……就在那些片刻，時間消失了，留下的只有存在和當下。心靈就在體驗了當下的這種感覺之後，記住了這種感覺，並希望繼續這種感覺，累積更多的事物給自己，時間由此被創造了出來。單純地將心靈規定在時間之中，把思想設定在時間的框架記憶之內，煩惱就會產生。幾乎所有『我』的煩惱，都是因為認同了這個時間性的『我』，把這個『我』當成了自己而產生的。」

我們所說的這個「我」，要麼羈絆於過去，要麼擔憂著未來，「我」很少能意識到當下的存在，而「意識」恰恰又只是一個當下的存在。

影片中，「忘我之境」出現在象徵著「冥界和死亡」的靈魂世界中，彷彿在告訴我們，如果我們能夠時時刻刻地活在當下，我們平常所認同和苦惱的那個「時間性的我」便死去了，而那個超越時間的「臨在的我」將獲得永生。這幾乎是一種接近死亡的狀態。正如佛教對於生死的詮釋：「生即是死，死即是生。」

影片的最後，JOE 被「心靈導師」給予了一次重生的機會，被問到：「重生之後你會做什麼？你將如何度過這一生？」他回答：「我也不知道，但是，我會珍惜當下的每一分鐘。」

我們何嘗不是已經擁有了一切的美好與意義？只是，我們從未停下腳步思考，從未用心去感受與感恩生命的饋贈。

的確，「我們尋求的是什麼樣的自己？」這是一個需要仔細思考的問題。

感知與接納情緒，身心靈的統一與協調，人生價值的探

索，這些不也正是人們備受心理困擾和心理治療的重要方面嗎？如果我們能夠從多角度和多維度重新思考人生，就會發現，我們最終尋求的終點是自己，而非某個目標。

要尋求自己，我們首先必須瞭解自己。我們要瞭解自身的局限、偏見和盲點，瞭解我們自發自動的思維和運作模式。除此之外，我們還要發展出對自欺欺人的謊言的警覺，防止自己活在虛假的幻覺中。我們更需要用「心」去發現生活中的「spark 火花」——那些生活中閃閃發光的、能讓我們為了一點甜而甘願忍受一點苦的東西，又或者是像一個孩子看著手裡的冰淇淋時眼裡閃爍著光的感覺。

哲學家尼采曾說：「最損害一個人的，是在缺乏內在必要性、缺乏任何深層的個人欲望、缺乏快樂的前提下，僅僅處於責任感而去機械的工作、思考和感受。」

這是我們每個人在每晚臨睡前都有必要認真思考的一個問題，看看我們自身是否在按照我們靈魂的密碼而生活；我們是否在沿著內心的指引前進；我們是否在做自己來到地球所要完成的事。

古今中外，早已有賢聖對人生的意義留下了無數思考與探索的經典之作，這讓我想起奧地利詩人賴內·瑪麗亞·里爾克的經典詩歌《蘋果園》：

> 人若願意的話，何不以悠悠之生，
>
> 立一技之長，而貞靜自守。
>
> 你要像一個病人似的忍耐，又像一個康復者似的自信。
>
> 有何勝利可言？挺住就是一切。

艱難的生活永無止境，但因此，生長也無止境。

當靈魂失去宇宙，雨水就會滴在心上。

要容忍心裡難解的疑惑，試著去喜愛困擾你的問題。

不要尋求答案，你找不到的，因為你還無法與之共存。

重要的是，你必須活在每一件事情裡。

現在你要經歷充滿難題的生活，也許有一天，

不知不覺，你將漸漸活出寫滿答案的人生。

如果你覺得你的日常生活很貧乏，

你不要抱怨生活，還是怨你自己吧；

怨你心中還沒有足夠的詩意去體會生活的豐富。

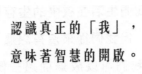

認識真正的「我」，
意味著智慧的開啟。

探尋「我」的本質

回顧人生，我們便會發現，我們都是被長輩、權威、父母、老師、書本、電視、收音機、網路以及外界的一切意識形態「餵養」大的。

人類為了獲得安寧的生活，總是期待從長輩或權威那裡得到一個關於好壞、對錯、善惡、是非的標準答案，大多數人也總是滿足於他們的思想和言語，即便曾有過一些不同的思想或疑惑，也只是在腦海中一閃而過。我們從不敢質疑，千百年來都複製著他們的言論和思想，並恪守本分地活著。

可我們並不知道，就在自己打消疑惑的那一刻，我們的心也隨之「死亡」。我們都知道吸「二手煙」有害，卻不假思索地全盤接受著「二手人生」。

紀錄片《三摩地》這樣描述：

「人們無休止地追求快樂或躲避痛苦的行動演變為病態

行為，滲透至我們的工作、關係、信仰以及整個生存方式。大多數人都像牛一樣，在被動中生存和死亡，把他們的生命局限在矩陣之中。我們生活在狹隘的生存模式中，生活經常充斥著巨大的痛苦，但我們從來沒有想過，其實，我們可以變得自由。其實，我們可以放棄從過去傳承下來的生活方式，轉而嘗試內心深處埋藏已久的那種生活。」

心是覺察的工具，如果想要探尋「我」存在的本質，就必須先瞭解我們的內心。一顆被世俗、傳統、文化、道德，以及他人的言論和思想所「污染」的心，必定是一個被記憶扭曲和局限的心。它帶著束縛和恐懼，無法如實地看到事物存在的真相，也無法看到完整的存在。

所有的痛苦，都源自於思想。思想是一種物質，但此「物質」並非彼「物質」——那些我們平時所理解的金錢、房子、車子等等。

物質是能量在某種模式的運作下產生的。換句話說，只要能量存在，就會產生物質。生命也是一種物質，包括我們的這個身體也是，所以在瑜伽中，我們稱自己的這個身體為「物質身」。

過去，我們都以為金錢、房子、車子，那些能看得見、摸得著的才是實實在在的物質，這一切的組合才是實體的物理世界，但其實，我們眼前所見的這個物理世界一點也不物理、一點也不「實在」。

宇宙萬物都源於物質，構成這些物質的最小單位是粒子，一切物質都是具有粒子性和波動性的，也就是說，宇宙間的一切都是處於不同振動頻率的能量。人，作為宇宙間一

個超級渺小的存在，自然也不例外。

每一個我們認為「真實」的東西，都只不過是由我們所不瞭解的「不真實」的東西所組成的，因為一切宇宙生命物質，都是由能量構成的虛無。

宇宙純粹虛無的能量創造了一切，從無到有，從有到無，循環往復，它的能量始終在不斷地變幻。宇宙的根本是無目的性，運動便是一切。

假設我們把太陽比作一個籃球，以這個比例來計算，地球就只有一個米粒的大小，在這個以太陽為參照物的「小米粒」上，生存著 70 億人。

地球是太陽系八大行星之一，也是太陽系中直徑、品質和密度最大的類地行星。它有一個天然衛星——月球，兩者組成地月天體系統。地球作為一個行星，遠在 46 億年以前起源于原始太陽星雲。

而對於銀河系來說，太陽系又成了一個微不足道的小雨點。銀河系是太陽系所在的星系，包括 1000 到 4000 億顆恒星和大量的星團、星雲，還有各種類型的星際氣體和星際塵埃。宇宙中，已發現大約兩萬億個類似銀河系的星系，而每個星系都由數千億顆恒星組成。

作為人類的我們，應該對自己是一個什麼樣的存在有一個正確的認知。用「微塵」來形容人類，已經是極其誇張的描述了。

每一個事物，都是宇宙磁場中的一個局部的、微小的存在。每一個局部的微小磁場都需要經驗和認識自己，這是一種純粹的能量，看不見也摸不著，但卻真實地存在著。因此，

我們眼前所看到的這一切，皆為幻覺，或者說錯覺。

這是人類的集體幻覺，集體幻覺之所以存在，是因為人類需要一個得以創造和表達、經驗和實現、決定和對外宣稱「我是誰」的方式。

那個真正的「我」，原本只是一切萬有。一切萬有是虛空的，它是所有的一切，只有它是唯一真實的存在。因為沒有其他任何別的東西，它就無法「被經驗」和「被認識」。那麼，它就只能透過與外界的一切關係——人、事、物來經驗和認識自己。

就在某天整理房間的時候，我突然悟到了這個道理。

我在心裡默問，「是誰在整理房間？」

——是「我」。

既然「我」觀察到是「我」在整理房間，那麼，很明顯，這兩個「我」並不相同。前者是觀察者，後者是被觀察者。

在那以後，我常常會以觀察者的身份，觀察我在洗手、我在煮飯、我在走路、我在喝水、我在聽別人講話……

我們平時所說的那個「我」——即作為被觀察者的「我」，他只是印象的製造者，是記憶、經驗、傳統和觀念的累積和一堆抽象概念的堆積。

當我們建立起對任何事物的印象或概念之後，我們看到的就只是那個印象或概念，而非那個真正的事物本身了。

就像一個孩子曾問他的爸爸，「天上飛的是什麼？」當他的爸爸告訴他那是「鳥」的時候，那個孩子就再也看不到真正的鳥了。

一直以來，觀察者始終安靜地觀察著一切，我們平時所

說的那個「我」，是被觀察的一部分。觀察者自始至終一直觀察著「我」從嬰兒變成孩童，漸漸長大，去上學、工作、戀愛、結婚、成為父母、祖父母……它觀察著這個身體從嬰幼兒變成青壯年，再逐漸衰老，最後離世，以及在此過程中所有的悲歡離合與喜怒哀樂。

無論被觀察者的年齡、身體、情感、身份、思想如何改變，作為觀察者的那個「我」，始終從未改變，它始終在那裡如如不動，安靜地看著，就只是看著，它知道一切。

那個永恆不變的「我」，就是純粹地意識本我（大我、高我）。本我透過一系列的經驗覺察到我（小我、低我）的存在，它能意識到被觀察的這個「小我」對某個刺激的反應。因此，觀察者和被觀察者實際上是互為一體的，是合一的，是完整的。

只要不斷地向內更深入地探索，我們便能逐漸了悟——真正的那個「我」，是一個連續性的存在，它是意識和覺知，是所有經歷的體驗者，是一種對存在的直觀感受。無論有沒有思想，「我」始終都存在。

克裡希那穆提在《重新認識你自己》中這樣描述——

「如果『我』能意識到『我』一直在為了定義『我是誰』而持續地創造著『對與錯』的觀念；如果『我』能看到假如沒有了這些定義或界限的話，『我』就什麼都不是了；如果『我』能感受到，隨著『我』改變『我是誰』的觀念，『我』的界限也會隨之改變。隨著視野的拓展，『我』會在觀念上擴大對『本我』的認知和理解。我們的頭腦所認同的『我』是有限的，而意識是超越本我的無限，除非用一種想像的方

式，在頭腦中創造出一個關於『本我』界限的概念，並接受這個界限。只要思想不再從過去的記憶、經驗或知識中升起，思想者就消失了。」

正因為那純粹的意識無處不在，因此「我」也無處不在，隨處可見。「我」既存在於任何一處，又不在任何一處，因為「我」就在此刻（當下）。人生由每一個決定「我是誰」並加以體驗的當下所組成。

當我們能夠理解，「我」就是從內在最深處觀察外在世界的那個意識，當我們能意識到「我」既不是那個頭腦、那些思想或念頭，也不是那個身體，而是一個純粹的意識、一個振動頻率、一股能量的時候，我們就能看到生命的狀態和生命的本質。

> 寂靜中蘊藏著巨大的能量，
> 黑暗中蘊藏著明亮的光芒，
> 靈性的覺知便在這光芒中開啟。

如何找到真正的「我」

　　想要嘗試內心深處埋藏已久的那份自由，就必須瞭解「我」的本質，而不是僅僅成為一個建立在頭腦思維邏輯框架中的肉體偏見者。肉體永遠燃燒於荊棘之中，只有清明的心才能開滿花朵。

　　思想是體驗和觀念的累積，是對記憶的反應，是本能的衝動和喜好。無論我們多麼聰明和博學，都不可否認地在相對局限的觀念中做著本能的反應。我們所有的認知都不過是關於善與惡、好與壞、對與錯、得與失等等的二元對立思維。不僅如此，思想還常常為了自己的便利不惜扭曲真相，它並不可靠，它在追逐快感中作繭自縛。而我們每個人，正每時每刻都帶著這樣的思想活著。

　　人生就像一個負重前行的旅人，裝得東西越多，前行的腳步越沉重。在舉步維艱的條件下，又怎能專注地欣賞沿途

的風景呢？那些思想、觀念和記憶不允許我們對當下有任何的覺察和感知。而一個只是活在記憶中的人，自然就無法活在當下。想要在人生旅途中體驗沿途的美好，就必須丟掉那些沉重的東西、阻礙自己前進的東西輕裝上陣。

那些不自覺地要麼活在過去要麼活在未來的人，正是因為他們只把自己當成了這個肉體軀殼和這個頭腦所致。對於一個認為自己就只是一個軀殼或頭腦的人來說，他就只能活在自己本能的衝動、喜好、情緒和記憶裡，他無法真正的體驗當下。

記憶是時間的延續，而我們所認為的時間，只不過是人類文明進程中，為了某種便利而發明出來的一種工具。但記憶還可以作為心理上的時間而存在，它是一直以來我們累積的觀念，是自我保護的工具，表現在我們的行動上。由於我們無法完全預測行動的後果，於是我們便依賴於記憶、觀念或經驗，期望它能帶給我們所謂的安全感。

我們始終帶著過去陳舊與局限的二元對立觀念，把它們當成依據，對當下的事物作出判斷或行動。然而，行動是我們當下的表現，它只存在於當下。觀念與行動之間並不是嚴絲合縫的，它們之間有一個空隙，這個空隙就是時間，這種心理上的記憶讓我們不斷地重複與習慣，它深深地植入在我們的心智當中。

只要心理上的時間一直存在，痛苦就會隨之而來，恐懼也在所難免。因為邏輯是思想的產物，它不是永恆的。因此，我們的判斷或行動也總是想要儘量符合大眾的常規、傳統或觀念。帶著舊觀念解決新問題，矛盾和衝突便會不斷產生。

接着，困難和困惑也必然會出現，束縛就此產生。要打破這個束縛，我們首先要對外在和內在都有所感知。

可是，作為絕大多數的現代都市人，我們都失去了和宇宙連結的生命力與感知力。我們起床靠鬧鐘，清醒靠咖啡，睡覺靠數綿羊，吃飯靠心情，時間靠看手機……

月亮的陰晴圓缺能夠如此強烈地影響地球上大海的潮汐，但對於我們——這個身體中儲存著 72% 水分的人來講，卻對行星的力量毫無覺知。我們正在遠離生命的本質。

作為生命本身，我們本應該對宇宙間的萬事萬物都有深刻的感知，因為生命原本就是宇宙的一份子。一個跟宇宙有著強烈連結的生命，能感知到紮根于大地母親的那份安全感與踏實感，能感知到日出與日落，能感知到日月星辰以及其他星體的運轉對自己的影響，能感知到身體的需要，還能感知到風的溫柔、花的豔麗、樹的婀娜、鳥的歡快、湖的平靜……

大地母親總是在嚴冬過後，做好孕育萬物的準備，她是有生命的；花草樹木僅靠陽光、空氣和水便製造出人類賴以生存的氧氣，它們四季交替、生生不息，它們是有生命的；那些鳥兒，日出覓食，日落歸巢，它們從不需要鬧鐘，它們和宇宙生命有連結。這些，都是生命最自然的狀態。

然而被物質欲望迷惑的我們，覺得這個肉體的軀殼就是一切，於是才拼命地餵養它、保護它、裝扮它、滿足它，這便是我們口中的「愛自己」。

可是，生命真的就僅僅只是個軀殼嗎？當我們失去了一個生命本該有的覺知時，就只能生活在頭腦製造的假象和

防禦機制之上。我們滿足軀體產生的各種欲望，將它等同於「我」或「我的一切」，總是害怕失去它；我們努力塑造自己成為父母眼中的乖孩子，老師眼中的好學生，孩子眼中的好父母，領導眼中的好職員……依他人的喜好而塑造自己的形象；我們在意別人對自己的評價和看法，活在別人的眼中和口中；我們想盡辦法向外界證明自己，只是為了獲得他人的認可與喜愛。我們每個人都在不同程度地迎合別人，因為那會讓我們感到舒服和滿足。大家都各取所需，這便是我們大部分人所謂的「人際關係」，而事實上，這只不過是我們彼此依賴對方、利用對方和禁錮對方的一種方式。

我們自始至終都對自己所扮演的各種人格身份——孩子、學生、愛人、員工、老闆、父母……存在著某種無意識的特定印象並始終在維護這些印象。因此，我們維繫的人際關係，是建立在雙方虛假的幻覺之上的「交易」，我們與外界的一切關係，都依賴於這些印象，而非真實的自我之上。我們所有的關係，都如海市蜃樓般虛幻不實。而對這一真相認知的匱乏，正是導致我們痛苦的根本原因。

一旦我們開始學會觀察自我與外界的關係及自己內心活動的過程時，我們就真正開始認識自我了。「我」無法透過邏輯思考來認識自己，因為「我」不是一個抽象的概念，「我」只能在具體存在中認出我是誰，而不是那個被塑造的「我」。

史蒂夫‧賈伯斯曾這樣描述——

「如果你只是坐著觀察，你會看到你的大腦是多麼的不安。如果你試著告訴自己安靜，不要想了。你會發現只會越

來越糟。但是隨著時間流逝，你慢慢的會安靜下來。當你真正靜的時候，你的心會有更大的空間去發現更細微的東西。你的直覺會開始綻放，你的觀察會更清晰，你是活在當下的。你越靜，你會發現自己能看到的越來越多。且看到的都是你以前不曾見的。」

當我們和自己獨處的時間越久，我們就越清楚自己是誰，自己想要什麼以及如何才能得到。很多人都知道這個道理，並希望透過冥想讓自己受益，可是又難免會心生這樣的問題——「我沒有冥想的基礎，該如何開始呢？」

在得到答案之前，或許我們可以先思考這樣一個問題——「在我們還沒學會說話或走路之前，該如何開始練習說話或走路呢？」

我們必須意識到這一點——在成為人之前，我們首先是一個生命。

當一粒種子在適當的土壤中生根、發芽、成長為一個我們肉眼所能看見的生命——一朵花、一棵樹或一個人之前，所有的變化都是從這個生命的內在開始發生的。自始至終，生命始終都知道它所知道的一切。

而現在，有個頭腦在問，「我還不會冥想，我該如何開始練習冥想？」這就和頭腦在問，「我還沒學過說話，我該如何開始練習說話？」或「我還沒學過走路，我該如何開始練習走路？」的道理一樣。

生命在頭腦還不會提出這些問題的時候，內在的生命力就已經驅使他到了某個時刻，於是他自然要咿咿呀呀了，他會模仿，會練習，會進步，他自然就會了；然後又到了某個

時候，內在的生命力驅使他要爬、要站、要邁開腿了，他會走了，接著會跑會跳了。無論有沒有頭腦，生命一直都會它所會的一切。

如果不是因為生命內在的驅動力驅使我們去做某事，那一定是經過頭腦的衡量才想去做某事的。凡經過頭腦衡量的事情，都需要一個目的、一個理由，因為我們想從中得到些什麼，又或者想對外界展示些什麼、證明些什麼。

所有「為了……而去做」的事情，或「應該去做的事情」通常都很難堅持下來。然後我們便會說：「那個沒用，那個不適合我，那個是騙人的……」那些因為我們認同而去做的事情通常都基於業力，這種行為會加深業力的記憶，它會讓我們的束縛變得更強。

但是，如果我們知道自己僅僅只是一個生命，我們只是想成為一個完整的生命存在時，在內心渴望改變的驅使下，就會順其自然地去做某事，並且會帶著一顆虔誠的奉愛之心去做。那是一個生命渴望成長的動力，它不需要任何理由和目的，它只有改變，結果便會截然不同。這樣的行為會逐漸打破業力的記憶和束縛，使我們越來越自由。

語言是人類必要的一種工具，但很多時候它會帶來反效果。存在是超越邏輯維度的，它無法用言語或文字來表達，它只能被體驗和感悟。然而，大多數時候，我們總是本末倒置，希望先透過邏輯上的理解和認可，然後再做出所謂的「開始」，這是紙上談兵。邏輯永遠無法觸及到生命存在的層面。

也許又有人會說，我一直都在獨處，因為我是單身，我

一個人在家看書、做飯、吃飯、看電視……其實，這些都不是獨處，這只是一個人單獨做了一些事而已。

我們大部分人，幾乎從來都沒有真正獨處過。因為無論何時何地，腦海中都始終有大量的東西與我們在一起，不是各種各樣的聲音就是各種各樣的畫面，我們不停地被那些聲音和畫面左右著。

從早上睜開眼到晚上睡覺前，這一天中所經歷的一切，我們有多少人會認為自己正在經歷和體驗著生命？抑或是我們在完全自動化的運作卻毫無覺知？如果我們能對這個問題產生感觸，就已經走在「開始」的路上了。

當我們完完全全意識到當下的自己正在體驗的每一個經過——每天早上睜開眼睛重回所謂的現實生活；意識到自己的呼吸；意識到生命如此可貴；意識到「大我」自始至終都在看著這一切發生的時候，我們就已經是一個「存在」了。而此時，有沒有冥想也就不是真正的問題了。

冥想並不是一個目的，它只是一個工具。我們可以借助它回歸真實的自我。但真實的自我一直都在那裡，他永遠都在那裡。而我們卻在問，該如何透過一個工具來找到真實的自我？我們還要知道該怎樣才能找到那個尋找真實自我的工具？這就好像我們正坐在家中，卻說要去尋找家，並在為用什麼樣的工具去尋找家而煩惱一樣滑稽和可笑。

存在簡單到真的沒什麼可說的，只是我們太過複雜，已經完全無法單純地去看一件事物或單純地去做一件事情。我們非要從頭腦中構想出一個可追尋的、高大上的、有難度的東西才覺得只有那樣做了才能顯現出自己的價值，否則那些

太簡單的根本不值得一提。但是我們忘了，世間萬事萬物，大道至簡。凡化簡為繁者，皆為愚癡。

真正的「獨處」，是回歸內在，安靜地與真正的自己待在一起。那是我們每個人真正的家——寧靜、安全、溫暖、舒適的家。這個家無處不在。透過深度寧靜的狀態，透過對心識、身體、情緒和想法的覺察，我們便可以了悟存在的本質。

印度僧侶 Dandapani 曾在一次美國的巡迴演講中說他自己最需要的就是「narrow and deep」這樣一種狀態。我想這也是我們所有人的需要——把分散的注意力慢慢聚焦在一個方向，不斷地專注和深入。

我們從小就不斷地被父母和老師教導說要專注，但是，從來沒有一個人告訴過我們什麼是專注以及怎樣才能專注。

記得我小時候在上數學課的時候，經常望著外面的天空和大樹神游，數學老師總是因此批評我，說我的注意力不集中。

長大後，我才慢慢意識到，數學老師說的並不對，我當時的注意力非常集中，我一直集中在課堂以外我感興趣的某個點上，怎麼會是不集中呢？只能說明數學課對我來說是無聊的，沒能吸引我的注意力而已。

我相信很多朋友都有過類似的經驗，我們明明在很專注、很享受地做一件事情，這時，媽媽突然在飯廳喊：「快過來吃飯！」我們的專注力被打斷了；我們明明在專注地寫作業，奶奶進來說：「先吃個蘋果吧！」我們的專注力被打斷了；我們明明在專注地看電影，爸爸走過來說：「不好好

學習就知道娛樂！」我們的專注力被打斷了……

其實，我們天生都很擅長專注，我們可以去問問父母，自己在嬰兒時期是否專注地吃過自己的大腳趾還開心得不得了？自己是否曾抓著一個喜歡的小玩具不放，上上下下，左左右右地仔細觀察它？做自己喜歡的、熱愛的事情自然就會專注。但是，我們天生的這個本能在成長過程中不斷地被所謂的關心、提醒和糾正所破壞。不僅如此，每天海量的資訊充斥著我們的眼球，生活中各種各樣的事情不斷地打斷我們，使我們越來越難以專注了。

看看我們身邊的人吧，有多少人一邊與人交談一邊劃著手機？暫且把禮貌問題放在一邊，至少，他們對於談話內容是不夠專注的。即便是有很重要的事情要回復，也可以先跟朋友說聲「不好意思，我有事情必須處理一下，請給我幾分鐘時間。」然後快速地回復完訊息，將手機放在一邊，把注意力全部放回彼此之間的談話內容上；我們身邊又有多少人一邊吃飯一邊看電視？暫且不說電視劇情的悲喜對我們情緒和胃部食物消化的影響，至少，吃飯成了一個機械性的動作，只是為了吃而吃，忽略了食物的珍貴、地球的神奇、烹飪者的付出、食物真正的滋味以及我們享受每一口食物愉悅的過程；我們身邊有多少人在工作的時候想著下班要去做點兒什麼、或是休息的時候想著工作上還有點什麼事沒有處理？……大千世界令人分心的事情很多，我們每個人，每時每刻，都忙得不可開交。

專注，就是無論做任何事情，都全身心地投入 —— 當飯菜擺在桌子上，食物還沒送入口中，香氣就已經入鼻時；

當舌尖感受到每一口食物的滋味時；當食物令我們從饑腸轆轆感到飽腹時；當我們體會到這一餐食物帶給我們的享受時……這就是專注；當我們沐浴在陽光下，感受著陽光的甜美和溫暖以及它注入我們身體的能量時；當我們光著腳丫踩在沙灘上，感受著細膩的沙粒時，這就是專注；當我們看著藍天白雲綠樹草地會心而笑時，這就是專注；當我們望著星空大海發呆時，這也是專注。

怎樣才算全身心地投入？就是沉浸在一件事裡完全忘我。

有人說自己全身心地投入在伴侶身上，而他腦袋裡卻想著怎樣找個理由去跟朋友小聚一下，這不是全身心地投入。而當他和朋友小聚，喝酒聊天不知不覺到天光，突然發現自己一宿沒回家時，那才叫全身心地投入。

我每天只花四十分鐘時間彈鋼琴，我的目標是每一到兩個月學習一首新曲子。從我坐在琴凳上，打開琴蓋的那一刻開始，我所有的注意力，就全部集中在那些被我觸摸的黑白鍵和跳躍的五線譜上面，我的心隨著旋律起伏，我完全融入和享受那個過程，每次彈完琴，周身都暖暖的。

但是，以我的這種頻率，也充其量只能算是一個業餘愛好者，跟那些每天練習八小時，堅持了幾十年的專業人士比，顯然，我投入專注的時間太少了，所以，這不是我最擅長的事情，它只是我的業餘愛好。

我們每個人每天都在無意識地練習一些事情，比如推脫、懶惰、找藉口、自欺欺人、異想天開……那些我們最擅長的東西，都是經過我們長期練習得來的結果。我們越是

練習什麼，就越是擅長什麼，所以，關鍵在於，我們選擇練習什麼？

　　我們可以練習觀察自己、感知自己、探索自己和提升自己的專注力。也許剛開始，我們只能保持五秒鐘的專注，接著注意力就會不自覺地被其他的東西分散了，但是沒關係，最重要的就是覺知到自己的意識在哪裡，然後我們重新再放在對自我的觀察上，慢慢地，專注時間可能會變成三分鐘、五分鐘。透過不斷地練習，有一天，我們會發現自己竟然可以專注十分鐘、三十分鐘，甚至是一小時。再往後，我們會慢慢意識到，自己原來不僅只有在冥想的時候是專注的，而且在做每一件事情的時候，都是極其專注的。

　　只有在專注中，才不會身體做著這件事，腦袋裡卻想著另一件事。全世界有太多極富影響力的人，他們每天都有一到兩個小時專注於冥想，正是這種「獨處」，使他們保持著高效的創造力以及清晰、睿智的思路。

　　寂靜中蘊藏著巨大的能量，黑暗中蘊藏著自性明亮的光芒，那是無限創意的源泉。我們要做的，只是安住其中。

　　認識自我不是一個目的和結果，而是一個過程。從「不知道自己不知道」到「知道自己不知道」，從「不知道自己知道」到「知道自己知道」，始終都是對自我內在的探索。這是一條永無止境的路。

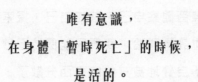

> 唯有意識，
> 在身體「暫時死亡」的時候，
> 是活的。

「我」是無限的永恆

我們所認為的眼前的這個物質世界，其實並不是最高的實相。

生命的旅程早在時空開始之前就已經存在了，而且將永遠繼續下去。一切都是旅程，是永無止境的旅程。

我們很少有人知道自己是「靈魂」的化身。靈魂（soul）── Singular Outflow of Universal Life，即宇宙生命能量中的一個微流。這個宇宙的生命能量，也被稱之為靈（spirit）。

靈魂是宇宙能量以個別化形式存在的一種表達，是經歷和體驗宇宙的形式。它是宇宙生命能量在某一特定時空，以某一特定頻率振動的一股能量。我們可以把它理解為暫居於人類身體當中的一種能量，並經由人的身體和心智來共同塑造某些特定的經歷和體驗。

在哲學中，靈魂被認為是存在（being）的表達，它是存在（being）被顯化出來的形式。我們可以將它理解為每個人內在的「上帝」、「神」或「佛」。

　　靈魂原本就是宇宙間絕對領域的一個存在，隨著宇宙能量的不斷轉化，從它來到每一個人身體的相對領域開始，它就已經在返回絕對領域的途中了。因此，每一個人，從「生」的那一刻起，就在「死」的途中，這個經過，就是我們所說的「人生」。

　　宇宙中並不存在真正的「死亡」。它只不過是一個名稱和定義，用來形容「一個靈魂在身體和心智能量的轉變中與一切萬有合一的過程。」這是從一種狀態結束到另一種狀態開啟的過程。就像花開花落一樣，周而復始，生生不息。

　　其實，我們每天都在經歷和練習著「死亡」。當我們睡著的時候，靈魂會暫時與身體和心智分離，以便恢復、淨化系統和重新強化能量。深睡的狀態與死亡的狀態是極其相似的。所以，哪怕是靈魂在相對領域中與身體和心智在一起時，它也仍然會與它們短暫分離，這種分離和深度冥想、禪定、入定的時候也是極其相似的。

　　當身體透過降低甚至停止感官以及思緒的時候，其振動頻率就會發生改變，並讓能量的轉化達到質變，此時，「我」就從一切萬有中浮出，重回物質的實相，體驗到「大我」的存在。

　　靈魂借助人的身體來到這個世界的目的，是尋求體驗和經驗這個世界的。宇宙提供給每個生命一個能夠隨時隨地重塑自己、表達自己和認識自己的方式。生命不是一個「尋找」

和「發現」的過程，而是一個「創造」的過程。

我們有必要進一步探討一下「創造」這個詞。

作為人，我們每時每刻都在做選擇——跟誰說話、說什麼話、去不去超市、走哪條路、在路上停下來喝水等等所有這一切，都是基於「我」的選擇。正是這些選擇，讓「我」體驗到我在跟人交談；我正在去超市的路上；我渴了，我需要喝水……每一個瞬間，都定義著「我」，讓「我」知道我是誰。所以，人們每時每刻都在創造著自己。

而這個創造，本身並無好壞之分。「我」的每一個決定創造了全新的「我」，當這個全新的「我」滿意這個創造時，「我」會認同這是「好」的；當不滿意時，對「我」來說則是「壞」的。所有「我」認為的「好與壞」，都只不過是基於「我」的理解和判斷，而「我」經驗這個世界的過程，才是最重要的。

靈魂是與我們每一個人常駐在一起的基礎本質的能量源泉。它不僅體現在思想上、言語中，更體現在行為上。

我們眼中的這個世界是我們每個人內心的投射，想像一個個在壓抑、焦慮、憤怒、暴力、恐懼下的個體，將會投射出一個怎樣的世界？！若每一個人都從內在改變自己，那麼我們認為的這個殘酷的世界也會隨之改變。

我曾在社交網路看到這樣一段話——

「If we do not go through the world ,we do not know what is our spiritual and emotional sustenance ,but once we go through the world ,we find that we can no longer go back to that wonderful place to go. When we begin to seek,we have lost ,and we are not seeking, we cannot know what is so precious to us. （如果我們不經歷和體驗這個世界，我們不知道自己的精神和情感寄託是什麼，一旦我們經驗了這個世界，便會發現自己再也無法回到那個美妙的地方了。當我們開始尋找時，就已經失去了，若我們不去尋找，便無法知道對我們來說什麼才是最寶貴的。）」

除非從現在開始，我們能越來越宏大地感知到生命當下的存在，否則，我們就無法真正地體驗生命。我們必須打破自己目前正在經歷的這個無限循環，否則，我們只能在頭腦不停播放的老舊電影中虛幻地度過此生。

記憶就像一隻 USB，存儲著我們這一生的過往——那些好的、壞的、開心的、痛苦的……但是，如果我們真的能把它當成 USB 一樣，只有在需要用到它的時候才打開，那我們就擁有了一種全新的能力，我們將不會再被記憶和身體所束縛，這個能力將會帶給我們終極自由。

只要我們願意相信，並願意學習正確的方法以及付出一些堅持和努力，就會慢慢覺察到自己內在的轉變。所有的靈性練習，都是在幫助我們找回那些遺忘已久的本質，那是我們天生自帶的本質。一個沒有靈性覺知的人，做任何事情都只能憑藉本能的衝動。就像一隻在轉籠裡奔跑的倉鼠，他將永遠被困在眼前的這個魔性循環中。

倉鼠總是喜歡在籠子裡不停地向前奔跑，但是無論它怎樣努力，無論它怎樣堅信自己看到的前方是真實的，它都只是在那個小小的籠子裡輪回，它只能感覺自己在往前走，但

實際上它只是在那個籠子裡一次又一次經歷同樣的事情，它哪兒也沒去。這正是在它所處的角度所看不到的真相。

可是，一旦當我們變得有意識，就能用站在倉鼠籠外的視角看待整個生命和存在。

紀錄片《Life, Death and Reincarnation 生死輪回》中採訪了大量瀕死體驗者，其中不乏先天失明的盲人和孩子。幾乎所有瀕死體驗者都描述出類似平靜、安全、祥和與充滿了無限的感覺，他們不僅能感受到，而且能夠看到清晰的畫面。甚至連先天失明的瀕死體驗者（他們的夢中從來不會出現畫面）也能清晰地描述出自己眼前的一切。

這一切充分地說明，我們所感知的，並不是來自視覺 - 大腦 - 身體，而是來自於意識。

心臟停止、脈搏停止、大腦停止的只是身體的表象。唯有意識，在身體「暫時死亡」的時候，是活的。

很多經歷過瀕死體驗的人，都奇跡般地康復。曾被醫生認為挺不過最後一晚的癌症患者，奇跡般地醒來，並且病情康復了 70%；曾經歷過空難的飛行員渾身骨骼受傷，多處粉碎性骨折，醫生曾說他日後無法舉起兩公斤的重物，然而十年後，他竟然可以舉起二十二公斤的重物……他們都堅持同一件事情，那就是——冥想。

醫學博士、身心療法先驅迪派克·約伯拉說：

「現代科學在當前，基於主客分離，我是主體，宇宙是客體，然而靈性卻說，意識同時包括了主體和客體。意識產生了萬事萬物，包括人腦在內。我們從小到大都是感覺意識彷彿是位於我們大腦內的某個東西，但實際上意識是無所不

在的。我們想要真正瞭解意識的本質，想要瞭解它是什麼，唯一的方式，是從外向內，同時從內向外來探索它。」

如果想讓生命自由，就必須把「我」從這個身體中釋放出來。「我」可以暫時住在身體裡面，但要始終記得，「我」不是身體。那只是一個外殼，僅此而已。

身體必然會走向陳腐和消亡，這是一個自然的過程，但靈魂是自由和永恆的。一味地只關注身體健康的人，他實際上已經處於「死亡」之中。如果我們只是為了一個遲早會消亡的肉體而放棄讓靈魂自由的可能，如果靈魂無法獲得自由，我們就必然會感到痛苦。

我們的幸福取決於內在的那個觀察者。「我」不只是某個人格，不只是自己所扮演的角色，不只是所居住的這個身體。「我」是整體，是一切，是包容和愛。只有不斷向內尋找，感知那個觀察者，連接那個觀察者，才能覺醒。也只有願意體驗這個過程的人，才能一步一步地感受到自由，讓生命得以全然的綻放。

> 人之所以懼怕死亡，
> 是因為沒有看到真正的生命。

06

認識「死亡」

大約在我六歲的時候，「死亡」這個詞，第一次出現在我的生活中。

那個時候，我住在居於穆斯林區域的姥姥家。有一天，在去學校的路上，我突然聽到身後有一陣急促的腳步聲。我轉過身去，看到四個人抬著一副擔架，擔架上面有一個被白色的布包裹得嚴嚴實實的人。雖然當時我並看不到那個人，但是從外形就能判斷出那是一位成年人的身形。緊張急促的氣氛讓我不由地急忙退到路邊，看著那些人抬著擔架從我的身邊匆匆走過。我注視著這一切，不知道發生了什麼，但我能感受到那種凝重的氣氛。回到家後，我向家人描述了我的所見，才知道，我看到的是穆斯林葬禮形式的一部分。

同年，家裡有位親友離世，那是我人生中參加的第一次葬禮。人們都因悲痛而哭泣，受周圍氣氛的感染，我也不知

不覺地掉下了眼淚，但我不知道那眼淚是為誰而落，我只是因為人們的悲痛而感到悲傷。「死亡，對人而言是悲痛的。」這是我第一次對死亡的理解。

七年後，姥姥「離開」了。

在我的整個童年中，差不多有一半的時間是與姥姥一起度過的。她是一位典型的從舊社會過來的老太太，三寸金蓮，穿大襟衣裳，除了自己的名字，她幾乎不識字，但她卻聰明又賢慧。

和她在一起的時候，我最喜歡聽她給我講神話故事，有些故事雖然我都能倒背如流了，但還是希望她講給我聽。

姥姥信仰佛教，雖然不識字，但經文可以背得很流利。那個時候的我剛上小學，剛學會查字典，姥姥就讓我幫她查經文上那些生僻字的讀音。就這樣，我讀一遍，姥姥讀一遍，漸漸地，她就全都背下來了。姥姥有很好的藝術天分，她的傳統手工藝做得非常好，她畫畫，並常常設計一些傳統手工藝品——荷包。荷包在我的家鄉，是端午節用來驅蟲的裝飾品，有各種各樣的動、植物的形狀，裡面放著不同種類的香草，既可以驅蟲，又能當裝飾品。那些香草，即便在幾十年後，仍然散發著陣陣的清香。姥姥做的荷包形象逼真，總是讓人愛不釋手。用現代人的話說，那可是非物質文化遺產。

記得有一次，學校手作課的老師要我們做一件手工藝品，在姥姥的協助下，我們共同完成了一件非常漂亮的流蘇手帕。

姥姥的養生方式很簡單，就是每天梳頭三百下、甩手和踢腿。我還記得每次我都跟著她一起甩手一起踢腿，有一次

我把拖鞋都給踢飛了，逗得我們笑到肚子痛。

然而，有一天，姥姥突然就「走」了。在那之前，她經歷了很多年的病痛。

得知姥姥離世的消息時，我雖然感受到情感上的不捨與悲傷，會默默地流淚，但內心卻因為她不用再承受那些痛苦而替她感到開心。我的腦海中總是浮現出和她在一起的每一幕，感覺溫暖而幸福，我感到那些愛彷彿會永遠陪伴著我。

那是我第一次發現，在面對親人離世這件事上，我與大部分人的感受並不同。

又過了三年之後，奶奶也「離開」了。

我從小就沒有見過自己的爺爺和姥爺，童年父母不在家的日子裡，我的一半時間與姥姥度過，另一半時間，幾乎是與奶奶度過的。我與他們的感情甚至比與父母的感情還要深。雖然在母親的口中，我聽到的大多都是關於奶奶如何如何不好之類的話。但是，我自己的親身感受卻並非如此。我和奶奶之間有很多有意思、快樂和難忘的相處時刻。

奶奶的生活過得要瀟灑得多，她生活規律，家裡乾淨而整潔。通常，她都會在下午帶我去戲院聽戲，雖然我一點也不喜歡聽戲，不過倒是對戲服和裝飾品很感興趣。有時候她也會帶我去串門兒，就是去別人家做客。時不時地，家裡也總會來幾位她的老朋友，手裡拎著我最愛吃的酥皮點心。

可是，和我最親近的兩位親人，都相繼離我而去了。奶奶也是因病離世的，和姥姥「離開」時一樣，我覺得她再也不用在輪椅上那樣辛苦度日是件好事。

那個時候還是土葬，院子中間放著一具紅色的木棺，家

裡聘請了油彩師傅給木棺塗油彩，上面還寫著「駕鶴西遊」幾個字，我彷彿看到奶奶真的好像騎著一隻大仙鶴，在天空中飛翔，然後越飄越遠，就在她快要消失的時候，她還回過頭來看我，對著我微笑。我知道她要去到另一個地方，一個沒有疾病，沒有痛苦的地方。

我心裡雖有不捨，但卻替她感到開心。

迄今為止，在我所出生的那片土地上，很多人依然在「死亡」這件事上仍保留著一些所謂的「風土習俗」。那些「傳統」讓我從小不得不懷疑自己的情感能力。人們在那種所謂的「傳統」的沿襲下，要麼在親人離世時大哭大叫，要麼聘請一些人來充當「親友團」替親人不多的家庭「哭喪」。這讓我極其不能理解，一些素未謀面的陌生人，怎麼能哭得比像失去自己的親人還傷心欲絕？！如果說那不是一場表演和鬧劇，還能是什麼能讓人做出如此違背人性的事情呢？

還有一些人，親人還在世的時候不聞不問，不理不管，甚至相互怨恨與仇視，但卻在他們離世時哭天喊地，顯得悲痛欲絕。

在那樣的環境下，我曾經不止一次地懷疑自己的情感能力，還默默地給自己的這個「問題」起了個名字——情感淡漠症。

直到我瞭解生命的實相之後，我才肯定不是自己的問題。我的感受只是更加貼近生命的實相。

我們對親人的離去、對失去他們的悲傷是出於愛而不是作秀，更不是出於某種「應該」。死亡是整個生命輪迴中如此重要的一個過程，人們非但沒有對它產生尊重和敬畏，反

而用一些愚蠢的方式褻瀆生命最重要的一個部分。與其說那是傳統，不如說那是愚昧和迷信。愚昧來自於無知，迷信源自於恐懼。

真正出於愛的悲傷，絕不會以那樣虛假和虛偽的方式來表達。

對於親人離世的悲傷，我們可以給自己一些時間來平復情緒，然後帶著他們的愛繼續前行，這會讓我們的生命更加完整。但絕不能永無止境地沉浸在「失去」的痛苦中無法自拔。因為那也不是出於愛的表現。

人們之所以對死亡感到恐懼，忌諱有關於「死」的任何話題，甚至做出某些愚昧和迷信之事，一是因為深埋在潛意識中對死亡的恐懼；二是因為從來沒有人跟我們認真、有愛地談論過關於死亡的話題。我們對死亡的認知，要麼是被過度渲染的恐怖，要麼是脫離真實的空白。

很多人都不知道，其實，「死亡」每時每刻都發生在我們身上——它就隨時隨地發生在我們的細胞裡，發生在我們的呼吸中。只是，我們從來沒有意識到它的存在。正因為「老細胞」的不斷死亡，才使得我們如此健康地活著；正因為呼吸不斷交替著，而每個吸氣吸滿停止和呼氣呼完停止的那個片刻（大部分人都會忽略這個間隙），就是我們面對死亡的時刻。

面對死亡，就是面對神性。因為當「我」消失，「神」就活在「我」裡面。呼吸停止的那個片刻，就是「我」即將死去的狀態，那個片刻的「我」正與死亡同頻率。觀照這些片刻，就會透過它允許神性進入自己。

要意識到我們的靈魂——那神性，必須要有內在的意識，必須要實踐自我。身體和心智，就是人們在相對領域中用來體驗「我」的工具。

　　死亡，在某種意義上意味著各種各樣的變化和改變。只有當某些舊的東西死去，某些新的東西才會新生。

　　雖然大部分人在頭腦認知中都知道自己終有一死，但是，他們並不相信死亡是隨機的。他們認為自己還年輕、還健康、還有很多時間；他們不相信自己也許見不到下一次日出；他們不相信自己也許明天再也見不到親人；他們不相信那些意外會發生在自己身上，他們如此篤定自己的生命與死亡無關，至少現在與死亡無關，因為他們認為自己在照顧自己的生命，而且照顧得很好。

　　然而，死亡並無規律可循。

　　我很要好的一位朋友，在 34 歲時因為「呼吸困難綜合症」在睡眠中離去。他身體強壯，性格開朗，誰也不會想到他會在如此年輕的年紀離去；我的一位朋友，他的孩子因為在開車時去撿掉落的手機因車禍離世，當時還未滿 30 歲；我的一位親友的孩子在國外留學，由於學校起火，因一氧化碳中毒離去。而事實上，她所在的房間並未被大火殃及，她是在甜美的睡夢中離開的，那年她剛滿 18 歲；社區的一位安保人員，前一天還在跟我們聊著自己的人生規劃，第二天卻因突發病離世；還有那些相繼離開我的親友……無論是我們身邊的，還是我們所聽說的諸如此類的「不幸」，每天、每時、每刻都發生著。

　　「生命是隨機的！」我們必須接受這個事實，否則，我

們就只能在自我編織的幻覺和自我欺騙的謊言中過活。那些寧可活在自己頭腦所創造的虛幻中也不相信死亡會隨機降臨的人，他們只能追求自以為是的安全感，而那正意味著他們逃避和排斥死亡。逃避死亡，就意味著逃避生命，因為生命是包含生與死的完整存在。

他們不想改變、害怕改變、逃避責任，他們擔憂和恐懼未來，而所有對未知的恐懼都源自於潛意識對死亡的恐懼，這讓他們失去了生命力，使得他們無法好好的活著。

一個逃避生命、害怕和恐懼死亡的人，是毫無生命力的。他們就像那些正在枯萎的花草一樣。

一個完整的生命，除了包含生，還包含死。生命是包容一切的完整存在。只要我們將它們區分開來，割裂地看待，痛苦就是必然。

從生物學的生理機能來講，死亡的確意味著一個生物生理機能上的停止。但是，這僅僅只意味著身體層面的消亡，它並不能等同於生命的終結。

「生和死，是勇敢的兩種最高貴的表現。當我們瞭解了有關生命的一切奧秘時，就會像擁抱『生』一樣去擁抱『死』，因為它不過是生命的另一個奧秘。」這是偉大詩人紀伯倫對生與死的理解。

死亡不是失去了生命，而是走出了時間。時間，不過是對一個事物變化的記錄。宇宙萬物都擁有宇宙生命的元素。在一個人出生前，所有組成人的物質都在不停地轉換著，或許成為雲或雨、或許成為土或石，然後因為某個因緣，在看似偶然下組成了人的樣子。若干年後，原本屬於人的身體消

亡了，但是構成它的基本物質原子仍然以其他的種種方式存在著、轉換著，又成為天上的雲，地上的土，或一朵花，一棵樹。死亡之後，時間對人再無意義。但是，生命依舊存在，生生不息，循環往復。這便是完整的生命循環。

「死亡」一詞，只不過是人類發明出來的一個定義。從本質上講，它只不過是由一個階段轉換到另一個階段的過度，它絕非只是一個定義性的名詞。只是我們被腦海中所灌輸的關於「死」的意識形態所左右，才產生了對死亡的害怕與恐懼。

我們不會形容花「生」花「死」，因為我們知道，不管花開花落，它的根莖永遠都在。我們和一朵凋零的花無異，最終，都會成為這大地的一分子，滋養萬物的新生。

生命也和那些以根莖來維繫生存的植物一樣，真正的生息藏於根莖，深不可見。生命是一個多維度的存在，我們能用肉眼看到的僅是一小部分，更多的時候，它的存在是在肉眼感知之外的。

一切生命每時每刻都在經歷著生與死永無止境的循環，它的目的，是讓生命不斷地向更好的方向成長。就好像此刻，我們身體中就有大量的細胞死去，每一個細胞都是一個生命，這些細胞的消亡正是為了我們肉眼所能看到的這個身體更好而進化的必要過程。

我們之所以對失去至親感到痛苦，並不僅僅是因為死者本身，也並非因為我們有多愛他，而是因為我們自己不夠完整，我們對逝者有所依賴。因為我們早已不知不覺地把他視為自身的一部分，而現在，這一部分沒有了，讓我們感受到

不適、後悔、孤獨或悲傷，讓我們感到自己不完整，感到身上似乎有一個無法被填滿的缺口。我們適應不了這種缺失，接受不了這個現實，所以產生了悲傷、恐懼，我們不想承受和面對這些情緒，因此而悲痛和傷心。

我們也經常會聽到一些關於死亡的消息，當那些人與我們不認識或者不熟悉時，我們只是把它當成「故事」或「事件」來聽，並不會覺得痛苦。為何同樣是死亡，對於陌生人，我們卻不會感到痛苦？我們很少思考這個問題。

因為那些是陌生人，我們在情感上與他們沒有產生依賴。

所以，我們感到悲傷、恐懼和痛苦的，並不僅僅是因為某位親人的離開或離世，而是因為我們自身還不夠完整。當一個人不完整時，無論是死亡還是其他任何在他生命中留下缺憾的事情，都會造成他的悲傷、恐懼、痛苦，甚至是瘋狂。

我們都可能親身經歷或聽說過這些情形：孩子放學後本應該在六點回到家，但是，他比平時晚了半小時還沒回家，於是，父母開始焦慮了；又過去一小時，孩子還是沒回家，父母害怕了；又過了一小時，還是沒回家，於是，父母從焦慮、害怕、恐懼升級為瘋狂。如果此時孩子回來，大部分父母會先劈頭蓋臉的將孩子訓斥一頓，甚至動手教訓他，因為瘋狂已經令他們完全失去了理智。

很多親密關係也是如此：先生本應該每晚七點回家，但某天七點沒回來，於是妻子開始焦慮；八點還是沒回來，打電話也沒人接，於是妻子開始胡思亂想，恐懼隨之而來；十點還是沒回來，瘋狂奪命 call 加上成百上千的留言訊息，她

已經失去理智了。如果此時先生回來，她下意識的反應一定是不問青紅皂白地發脾氣、找藉口引發「戰爭」。

「那是因為我愛一個人，在意一個人啊！」很多人會這樣為自己開脫。可是，我們確定那是「愛」和「在意」嗎？

真正的愛，基於我們對對方的信任和尊重。因為信任對方是一個獨立的個體，他能處理好自己的一切，所以才會產生尊重。

因此，真正讓人悲傷、恐懼、痛苦，甚至瘋狂的，並不是因為人們所說的有多愛另一個人，而是因為他自身並不完整，他並沒有把自己的孩子、另一半或親人當成一個獨立的個體。他試圖透過依賴他們，或與他們共生或寄生，來讓自己變得完整，使自己能繼續生存下去。把他人作為自己的精神依託，那不是愛的本質。

無意識地逃避責任和美化謊言是人類最擅長的技能。我們總是在親人還在的時候，把過多的精力和能量都浪費在不該浪費的地方，而當他們離開或離世的時候，又無法釋懷和執迷不悟。

人類自古以來群居在一起，都是因為彼此之間相互的「需要」，而非什麼崇高的品質。生活的本質，是赤裸裸的醜陋。人們想要將其美化一點本無可厚非，但是，如果試圖將它上升到道德層面，變成另一種高尚的東西，那就是在自欺欺人。

如果我們能理解整個生命的完整性，就再也不會浪費一分一秒，會全然自覺地參與當下、投入當下，享受當下與家人、孩子、朋友在一起的每一刻，並擴大生命的維度，迎接

生命中更多的可能性。這就是生命的全部。

逃避思考死亡，在某種意義上就是逃避思考生命的意義。當一個人開始為了對抗死亡而努力時，他其實就已經身處死亡之中了。

生命如此神奇、完整與美妙，而我們卻一再地忽視它。我們只是活在自己的頭腦裡，很少真正去體驗生命。

當我們完全接受「人無法逃避死亡」這個事實時，死亡就會成為我們的生活顧問。它會帶領我們去感受恐懼、感受遺憾，它攪動我們的情緒，然後讓我們直面它並思考關於死亡的問題──既然生的時間是有限的，死的時間是不確定的，那麼，我現在做的事情有意義嗎？

每個人都有無法面對和解決的事情，這就是生活！那些打亂我們人格認同的經驗，教會我們如何去提升意識和感知生命。

我曾因病手術，在醫院裡度過一段時間。那段時間讓我意識到什麼才是生命最重要的事情，以及我以後該怎麼做。在那段時間裡，我也看了很多關於死亡的書籍。

當一個人連最基本的吃、坐、躺、走、入廁等等能力都受到限制時，就會格外珍惜自己已經擁有的一切。

我至今仍然清楚記得，術後可以喝第一口粥的滋味，那是此生以來最甘甜可口的一口粥；我仍清楚得感受到第一次被扶著起身的那種痛到無法呼吸的感覺；我仍清楚記得下床邁出第一步的那種虛弱無力的感覺；我仍清楚地記得，自己依偎在大大的玻璃窗前，看著外面的陽光灑滿草地，想要出去散步的渴望。

所有過去我認為生命中理所當然的一切，在那一段時光裡，喚醒了我的感知與覺醒，昇華了我對生命的認知與理解。

　　我開始留意空氣的味道；開始享受每一餐食物；開始專注自己參與的每一件事物；開始感恩每一個睜開眼睛的瞬間；開始感謝陽光雨露帶給我的感受；也開始跟一切有生命的東西用「心」交流。這個世界上，每一天都有 2500 萬人入睡後不再醒來，誰又能保證我們不是那 2500 萬分之一？如果我們還基於「生命是永恆的」這一自欺的謊言過活，那我們就是瘋狂的。

　　有位朋友跟我說，他曾經在一個月內參加了四次葬禮，每一次參與其中，他都會跟自己說要學會珍惜生命，而當回歸現實時，他又恢復了原樣。

　　很多時候，不是我們沒有經歷，而是我們沒有通過那些經歷，把災難和死亡的意義整合進自己的生命。當我們沒有這個能力的時候，發生的一切都只是事件，它們沒有對我們的生命產生任何意義。

　　我曾問一個朋友：「假如有一天，你被告知生命還剩一個月的時間，你會有什麼感覺？」她說：「我覺得自己白活了，什麼想做的都沒做。」我說：「那你還等什麼？」

　　每當我們遇到自己無法面對的問題時，我們都可以選擇抱怨、逃避、深陷痛苦無法自拔或者麻木自己，但也可以向內探索，感受自己內在無盡的創造力。這樣，我們就能優雅地放下生活中那些正在「死亡」的東西，當塵埃落定時，又可以再度啟程。

托尼·羅賓斯在《Money 金錢》一書中提到這樣一個真實的故事：

　　在一次校園槍擊事件中，13 歲的倖存者傑特，因當年親眼目睹弟弟被槍殺的過程而遭受了毀滅性的打擊，這給他的人生造成了持續的影響。然而，他的痛苦和折磨，只在和一群非同尋常的盧旺達孤兒視頻交流了一次之後，就徹底改變了。

　　書中這樣描述——

　　「這些盧旺達的孩子們都遭受了歷史上最大的悲劇之一——1944 年的種族大屠殺，這場大屠殺持續了 100 天左右。其中一個叫香塔爾的女孩，當時只有 8 歲的她，親眼目睹了一個胡圖人用大刀砍死她的父母，接著，那個兇手又轉向她，用刀猛砍她的脖子，把她瘦小的身體，扔到一個巨大的『萬人坑』裡。她的身體被土掩埋，傷口鮮血直流，驚恐萬分，但她心裡充滿了要活下去的願望。她用雙手從埋得較淺的地方刨出一個洞，爬了出來，跑到村莊上面的大山裡，得以重獲自由。她躲在幽暗的森林裡，往下能看到原來她稱之為家園的村莊，被大火吞噬，空中回響著她熟悉又熱愛的人的尖叫聲。她靠吃草活了一個月，終於等到那場大屠殺結束。

　　我們很容易想像，一個 8 歲女孩，在經歷了如此慘絕人寰的事件之後會有多大的心理創傷，會生活在怎樣的憤怒和恐懼中。然而，她並沒有，因為她掌握了能夠塑造人生的三項重要決策：感恩，寬恕，同情心。

　　香塔爾告訴傑特：『只要訓練自己，每天都訓練自己這

三項重要決策，就能馬上治癒，並過上快樂美好的人生。對自己所擁有的東西要感恩，不要關注那些自己並未擁有的東西。必須寬恕槍擊者和他的家庭，找到一種方式服務他人，這樣你就能夠從痛苦中解脫出來，心靈重獲自由。』

傑特透過電腦螢幕看到香塔爾的臉龐充滿快樂，那種快樂遠超過他的想像。香塔爾的經歷，也遠比他能夠想像的恐怖，這個女孩都能夠從自己巨大的痛苦中解脫出來，他應該也能。於是，他決定改變。

他決定要幫助這位非凡的女孩創造更好的未來，他想要用這種方式，來回報這個年輕高尚的女孩。他將決心體現在行動中，開始日以繼夜的籌集資金，想讓香塔爾有足夠的錢讀完大學。不久之後，這位 13 歲的男孩通過網路視頻連線香塔爾，驕傲地宣佈他已經籌集了 2100 美元，這些錢足夠香塔爾讀完一年的大學。香塔爾簡直不敢相信，她太感動了，然而，她卻沒有將這筆錢用於自己身上。她把這份震驚的禮物轉送給了她最好的朋友貝蒂，貝蒂也是一名孤兒，上一次和香塔爾一起鼓勵傑特。」

正是傑特這種無私的愛，深深地感動了作者托尼·羅賓斯，所以他決定為貝蒂提供其餘三年的學費，同時大力支持香塔爾（那時，香塔爾已經開始自己創辦一家小小的商店），為她提供資金建造一個全新的商店和一個永久性居所，讓她撫養的那些孤兒有地方住。有 7.5 萬個孩子在那場大屠殺中倖存，而他們正在努力擴大募集資金，希望可以幫助更多的孤兒。

從兩個經歷過生死的孩子身上，我學會了問自己：「災

難教會了我什麼？死亡教會了我什麼？」

史蒂夫‧賈伯斯曾說：「成為躺在墳墓裡最富有的人，這件事對於我來說並不重要。晚上上床能說我們今天做了一些很棒的事，這對於我來說才是很重要的。」

從今天開始，每晚臨睡前，我們可以問問自己：「如果明天我不再醒來呢？」這將會提醒我們不要再去浪費自己的生命；每天清晨，當我們的意識慢慢蘇醒時，請記得感恩自己依然活著。

每一個清晨，當我醒來時，我都會心懷感恩，因為我知道，我只擁有一天，那就是今天，我只擁有一刻，那就是此刻。

正因為有「死」的存在，才顯示出「生」的可貴。死亡是人生的顧問，當我們視死亡為人生顧問時，我們才不會逃避生命，也不會再逃避人生課題，而是盡可能地，讓自己成為這個生命並與這個世界和諧相處。

真正熱愛生活的人，是那些認清生活的本質之後依然熱愛生活的人。當我們全然接受生命給予的一切——好、壞、生、死、病、痛、快樂、痛苦、團聚、分離……才是全然接受了完整的生命。只有接受完整的生命，我們才能成為一個真正的生命。

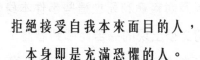

> 拒絕接受自我本來面目的人，
> 本身即是充滿恐懼的人。

如何獲得終極安全感

　　我們常常所說的「害怕」和「恐懼」，它們究竟指什麼呢？

　　我們都知道，身體上的恐懼源自於動物性自我防衛遺傳基因的自然反應，但是，想要獲得安全感，我們必須瞭解自己根深蒂固的心理恐懼，否則我們永遠也無法應對那些生理恐懼。

　　當我們說「我害怕」時，我們究竟在害怕什麼？這是我們需要仔細深入思考的一個問題。

　　通常，我們都害怕失去一段感情、害怕失去親人、害怕失去工作、害怕失去金錢、害怕被排除在外、害怕不被喜歡、害怕被人控制、害怕社會秩序不穩定、害怕疾病、害怕死亡……看上去，我們所害怕和恐懼的，都是某個具體的事物。

然而，我們是否思考過這樣一個問題：我們究竟是對失去一段感情、一位親人、一份工作、失去金錢、被孤立、被控制、被傷害以及對疾病和死亡這些事件本身感到害怕，還是對失去這一切之後出現的痛苦而感到恐懼？

　　如果我們不能夠誠實的面對真實的自己，不敢停下來深入思考，而只想要一個現成的答案，那只能說明一個事實——我們害怕面對真相！

　　不願意面對真相，就是形成恐懼的最主要因素之一！

　　想要獲得終極安全感，我們就必須明白恐懼究竟是什麼，而不是我們到底在害怕什麼？同時，我們還必須瞭解大腦為了克服恐懼而製造的一系列利用壓抑、逃避、控制、對抗、曲解等方式引發的摩擦和掙扎。正是這些摩擦和掙扎，分散和消耗著我們的生命能量。

　　我們看似坐在這個現代文明社會前所未有的舒適房間裡，但內心卻無時無刻不在為某個過去有可能捲土重來的不安，或某個關於未來可能發生抑或根本不會發生的念頭而憂心。

　　其實，我們所害怕的，就是過去或未來。

　　因為頭腦認同了時間，念頭才會趁虛而入，時刻提醒我們：「不能再讓過去的那種事情發生了」，或者「我必須未雨綢繆，否則事情不會順利。」

　　然而，時間並不存在。

　　我們一代又一代的人，活在人類製造的時間假象中，活在時間製造的痛苦和恐懼中。

　　在我們的腦海中，理所當然地認為時間是一個連續的存

在，是一個由過去到未來的方向。可是我們卻從來沒有探究過這是為什麼？為什麼時間只能向前而不能退後？為什麼我們只記得過去而不是未來？是我們存在於時間之內？還是時間存在於我們之中？

　　義大利物理學家、圈量子引力理論的開創者之一的卡洛·羅韋利在《時間的秩序》一書中，從科學角度為我們揭示出了時間的本質——即「時間不存在，它也並不是從過去流向未來。」書中這樣寫道：

　　「時間只是一個仲介，用來記錄變化中的事件。它就像我們做幾何題要畫的輔助線。而這條線並不存在，但它卻能幫助我們解題。

　　當我們拋棄了時間概念之後，就會明確一個事實——那就是宇宙是一個不斷變化的存在。所有物體，都只是變化中的事件。比如一塊石頭，它不是物體，而是量子場的複雜運動；一朵雲，它不是物體，而是空氣中水蒸氣的凝結；一個家庭，它不是物體，而是關係事件感受的集合；一個人，他不是物體，而是食物、資訊、語言、傳統、信仰和記憶等等累積的複雜過程。

　　在這個由變化的事件所構成的宇宙中，一切皆可扮演時間的角色，這就是我們這個世界真實的運作方式。」

　　既然沒有時間的存在，那我們為什麼會真切地感受到它的存在呢？這就引出了記憶的本質！時間來源於我們的記憶。我們的大腦能收集過去的痕跡，讓它們形成記憶。此外，大腦還能把分散的記憶組合起來，以此來預測未來。書中舉了這樣一個例子：

「比如當有人扔東西過來，我們的手會不自覺地移動到物體將要出現的位置接住它。這是大腦靠過去的記憶做出的判斷。大腦讓我們看到的是整個事件的發生過程，而不是一個個的獨立瞬間。就好像我們聽音樂時聽到的是音符組合起來的旋律，而不是一個個獨立的音符。我們之所以感受到時間，正是因為大腦製造出的這種連貫的感覺。時間，因為我們才產生，我們才是時間的創造者。」

古羅馬時期的奧古斯丁曾在《懺悔錄》中這樣寫道：「當我在測量時間的時候，我是在測量當下存在於頭腦中的東西，時間就存在於我們的內心。」

德國哲學家康得和海德格爾，也認為時間只在人類的範疇裡存在，它是由我們的內在感知塑造出來的。

作家普魯斯特在《追憶似水年華》中就寫道：「現實只由記憶構成。」

1955 年，愛因斯坦在一位摯友去世時說了這樣一段話：「他從這個世界離開了，比我先走一步，但這沒什麼，像我這樣相信物理的人，都知道，過去、現在與未來的區別只不過是持久而固執的幻覺。」

我們對所有事物的理解和觀念存儲在記憶中，記憶是對外界刺激產生的結果。記憶讓我們對已知的一切感受到某種持續性。我們不斷累積著各種經驗，這些累積和經驗出於一種自我保護的需要，防止外界對我們的干擾。我們不斷地累積知識和信仰，期望它們能從根本上解決我們的痛苦，然而，我們所有的累積和經驗的本質，都只是用來逃避痛苦的手段。

思想（念頭、想法）是記憶的反應。我們就是在這些記憶的背景下，不斷地做出各種反應，而這些反應本身又是思想、念頭以及想法。思想在生活的某些層面是必要的，然而，它一旦變成一種瞻前顧後的心理反射之後，就會造成恐懼。

所有的累積和經驗，非但不能從根本上解決痛苦，反而會強化「我」和「我的」的體驗。正是「我」和「我的」體驗反應出我們害怕失去所有累積的已知事物，正是它製造出了我們對失去和未知的恐懼。

靈性導師克裡希納穆提曾問過這樣一個問題：「既然我們誰都沒死過，又怎會對死亡心存恐懼呢？我們充其量也是對關於死亡的傳說、定義、聯想恐懼而已。如果我們仔細深究，就會發現我們恐懼的並不是事物本身，我們害怕的東西都是和已知相關的事物，我們恐懼的是——失去與我們現在已知和所擁有的一切的聯繫。」

我們的一生，始終在不斷地累積著知識、體驗、常識、經驗、傳統、感覺、認知、信仰等等。當我們想讓自己已經擁有的一切永遠都不會失去的時候，恐懼便隨之而來；當我們不想要的一切突然降臨在我們身上時，恐懼便隨之而來；當我們依賴外界來給予自己安全感、賞識、認可時，恐懼便隨之而來；當我們相信宿命、乞求神靈庇佑時，恐懼便隨之而來……只要我們想要用任何一種模式將生活規範在一個自己定義的框架中時，恐懼便隨之而來。

我們為了控制和對抗恐懼，想盡了辦法——我們試圖給腦子裡塞滿東西，以為用那些過去的、陳舊的東西就能夠對付恐懼；我們為了壓抑和逃避恐懼，讓腦子一刻也不敢清靜

下來，以為這樣就可以不必去面對恐懼的真相了。然而，嘗試過的人都知道，那只是徒勞的。

現代瑜伽仕薩古魯說：「恐懼意味著為了未來可能發生或不發生的事情而受苦。它是你把記憶，當下的體驗和想像力混合在一起的結果。沒有問題，只有狀況，一切都取決於你如何應對他們。」

每個人都在尋求安全感，都在試圖透過外界——一個人、一段關係、一個群體、金錢、權力、名譽來獲得安全感。這種對外界的依賴，成了我們心理上的防護網，一旦這些心理防護被破壞，害怕、孤獨、困惑、迷茫、擔憂和恐懼便會滋生。我們一直想透過外界來找到能給我們安全感的某種事物，於是建立了自己的信仰——獲得更多、擁有更多、相信神或上帝……我們以為可以借由這些來消除恐懼。然而，恐懼並沒有因此減少或消失，這一切反而滋生了更多貪婪的欲望。

純粹的欲望是動物的本能，但人與動物的不同之處在於，如果動物需要某樣東西，它知道自己需要的程度和數量，而人類則不然。這就是人類的可悲之處。

我常常去餵流浪貓，久而久之發現這樣一個有趣的現象：無論流浪貓有多餓，它都吃飽即止，雖然盒子裡面還有很多食物，它也不會把盒子拖到屬於自己的地盤給自己的下一餐留著，而是走到一邊清潔自己的身體，讓其他的流浪貓去吃盒子裡的食物。

然而，人類很少如此。因為人類喜歡永遠索取和擁有的感覺，這是不爭的事實。既然是感覺，就有所謂的「喜歡」

與「不喜歡」，「想要」與「不想要」。我們不知道隨著我們的改變，欲望也在改變，當一個欲望被滿足時，另一個欲望緊跟其後，因此，它永遠無法得到滿足。另一方面，只要是感覺，就必然會結束。於是心靈又會轉向依賴於其他感覺的體驗。慢慢地，每一種感覺又強化了進一步體驗這種感覺的感覺，欲望就這樣被滋生著。這種心靈機械性體驗感覺的過程，就是心靈僵化的過程。

我們始終在渴望、擁有、克制、抗拒中強化著「我」。然而，只要還有期盼，就會有害怕落空的恐懼。這就像我們害怕失去幸福一樣，因為我們體驗過它的美好，所以我們一再地渴望延續這個過程，希望它永遠都存在；對於安全感，也是如此。

然而，另一方面，我們雖說自己有多渴望安全感，但是如果有這樣一部電影——名為《最安全的路》，全劇一小時三十分鐘，從第一個鏡頭開始，到最後一個鏡頭結束，就只是主角走在一條筆直平坦的、景色宜人的路上，就這樣一直走著。相信不到五分鐘，我們就會對導演破口大罵。可這不正是我們大部分人期待的具有安全感的人生嗎？這樣的人生很安全，我們為何又厭惡了呢？因為我們根本不瞭解自己有多麼善變，有多麼不滿足，我們內心充斥著多少欲望和野心。

既然我們都知道這樣的人生路會無聊至死，我們都期待柳暗花明的驚喜，期待荊棘之後的廣袤，期待見到生命的豐富與美麗，我們就該感謝造物主，感謝她給了我們一個永遠充滿變化的、不可思議的、五彩斑斕的世界。

伊塔洛・卡爾維諾在《馬克瓦爾多》中這樣寫道：「生活是意外之喜，生活是弄巧成拙。生活是我等的人沒有來，但你來了，也不錯。」只有真正參與真實生活的人，才是活生生的人。

克裡希納穆提這樣描述那些尋求安全感的人——「那些試圖把自己鎖在自我小天地裡想借此尋求安全感的人，只會對生活撞擊門的聲音心生恐懼，他們越是恐懼，那撞擊聲就越大；他們越是封閉自己、不敢面對真實的自己和真實的生活，恐懼就越強烈。這就是生活的法則。」

生活不是我們一系列腦海中的想像，而是實實在在的參與和體驗。

然而，只要生活在繼續，問題就會繼續，問題永遠都不可能解決完。這也就是無論心靈怎樣選擇，都無法完全消除問題的根本所在。因為心靈無法徹底擺脫恐懼，因此它會尋求逃避。

我們最熟悉和最擅長的逃避方式便是尋求認同——認同父母、老師、領導、權威以及大部分人的觀點。正是這種為了尋求安全感而逃避問題的方式，讓我們逐漸遠離和遺忘真實的自我。

這就好比那些認同美德、並刻意去追求美德的人一樣。美德是生命的固有品質，一個全然綻放的生命天生就自帶美德，它是學不來的。

比如，一朵花，它不會因為自身綻放的需要而去搶佔其他生命的空氣和養料，也不去評價說我為何要生在這樣一個醜陋的世界，它不會嫌棄一顆野草就長在自己身邊，更不會

想著應該先把未來二十年的水分存在自己這裡。這就是生命的美德。它不是可以追求或者學習到的東西，為了具有美德而去追求美德的人，是狹隘和虛偽的。因為他的目的是強化自我，而在他的自我背後，潛藏著恐懼、欲望和野心。

所有的「想要成為、想要改變、想要控制、想要除掉、想要追求……」，歸根結底都是逃避的手段。

一個拒絕接受自我本來面目的人，就是充滿恐懼的人。一個不敢面對真實自我、不敢瞭解真實自我、不敢接納真實自我的人，只能背負著記憶、反應、期望、失望、欲望和挫敗感逃避現實。

那我們應該怎麼辦呢？唯一的方法，就是去認識自己的恐懼。

恐懼只是一種心理活動，它只不過以自己的方式告訴我們——心靈迷路了。如果我們能讓頭腦停下來，正視它、接近它、瞭解它，看到這些心理活動本身運作的軌跡，而不是這些心理活動的投射；如果我們不採用邏輯製造出來的各種二元對立思想亂沖亂撞時，就能看到恐懼發展的完整過程了。

嘗試與它共存，而不是急於擺脫。想要與它共存，我們首先需要安靜的頭腦，然後將注意力轉向內心的活動。

克裡希納穆提曾分享過一個很有用的方法——

「當直面恐懼時，我們一開始就要以一個觀察者的身份問自己：『是誰在觀察恐懼？』這個觀察者是不是一個不斷累積著所有知識、經驗、概念……的一堆記憶？記憶是不是舊的、陳腐的、死的？所觀察的東西是不是正在發生的？活

的？那我們要如何用死的東西來消滅活的東西呢？此時，觀察者與恐懼之間是有距離的。因為觀察者一直不停地設法想要消滅或逃避恐懼。

但是，如果再進一步徹底地全神貫注地進行深入觀察，我們就不難發現，那個說『我害怕、我擔心』的觀察者，和恐懼本身其實就是一個東西！觀察者本身就是恐懼。一旦了悟了這個事實，認清自己就是恐懼，我們就不會再枉費精力去消除恐懼了。所有內在的鬥爭都會停止，恐懼自然也會完全消失。」

自始至終，我們都在依賴記憶解決問題，而那些存在於腦海中的記憶會延續時間，時間又會引發痛苦。

專注，全神貫注地傾注於事件，觀察者就會消失，接著時間就會消失，接著問題也會消失，留下的，只有存在本身。

就像一個光著腳丫在雨天享受自由奔跑的孩子一樣，在那種忘我的快樂和酣暢中，才能完全參與和融入真實的生活，才能體會到當下這一刻自由的感覺。當心靈不受任何約束，完全自由時，恐懼便會消失得無影無蹤。

> 「經驗」
> 是頭腦為了追求所謂的安全感，
> 而產生的一種狹隘和盲目的自信。

不依賴「經驗」

　　人類在動物本能的驅使下，寧願選擇跟隨他人的腳步前進而避免危險。在生活中，我們也總是習慣於依靠以往所謂的「經驗」來做出選擇和判斷。從生存角度來說，這源于人類追求安全感的本能。

　　然而，這種讓我們不假思索地去追尋大多數人足跡的道路，真的可以確保安全並讓我們過上無憂無慮的生活嗎？

　　如果我們提出這樣的問題並進行思考，就能嘗試帶著一顆不受知識、經驗、思想、傳統和記憶的扭曲的心，簡單而清晰地思考事物本身，只有這樣，我們才能覺知到那些超越頭腦和邏輯的東西，也就打開了認識自己的那扇門。

　　我們知道，所謂的經驗，是眼、耳、鼻、舌、身、意所產生的記憶和它們的累積。這些我們口中的經驗，在生活中某些必要的方面會起到積極作用，比如，生活常識——鹽放

多了會發苦;手不能放進開水中;舌頭不能去舔冰……比如,臨床醫學或手術、科學實驗、刑偵工作、考古等等等等。但即使在這些方面,也需要持續不斷地探索和創新,否則,人類社會不會發展到今時今日。

經驗的作用不可忽視,但我們決不可受制於經驗。否則,我們就只能拿著過去的、陳舊的、「死」的東西來解決鮮活的問題,它的局限性是顯而易見的。

但顯然,我們已經習慣並擅長依賴經驗解決問題。正是由於這個慣性思維,使得我們的心智逐漸變得遲鈍、僵化和狹隘。我們對自己所經歷的一切都變得極為不敏感,這個不敏感,是指對事物本身的不敏感,而非我們對受到的刺激不敏感,絕大多數人都對外界的刺激比較敏感,這正是因為對事物本身不敏感所致。

我們被所謂的經驗定型、束縛和禁錮,完全否定了「一切事物都在不停地變化」這一事實。三歲的孩子可能不知道這一事實,但我們大部分人,無論十三歲、三十歲或者六十歲、八十歲,處理生活問題的本能和態度都與三歲小孩基本無異。這也是為何我們總是處在困惑和不幸福狀態中的原因,因為我們的「自我覺知」極其有限。

經驗是極其狹隘的自我安慰,記憶是完全不靠譜的模糊影像。唯有就此刻出發,帶著全新的、不偏不倚的態度,去對當下做觀察時,我們才可能找到解決問題更好的方法。

然而,從小到大,從來沒有人教過我們這些。我們學到的,是如何表達。正因為我們總是急於表達,急於定義,急於評判,我們的心才變得不再敏感。我們看到和聽到的,也

都是脫離事物真正本質的表象。

也許有人會說，「世世代代的人們都是這樣過來的，有什麼錯嗎？」

借用魯迅先生的一句話——「從來如此，便對嗎？」

當然，我們在此討論的目的並非要爭對錯，而是探尋真理。我們始終對外來的一切「植入」毫無過濾地接收著，對內在和外在全然不假思索地機械性做出反應。就像心理學家弗洛姆所描述的——「現代人在幻覺下生活，他自以為他瞭解他所想要的東西，而實際上他所想要的是他人所希望他要的東西。」

我們不斷地受制於外界環境，也不斷地壓制內在的個性，從此，我們成了毫無生命力的機器人，僵化而統一，變成了環境的產物。

我們兒時所學的《小馬過河》的寓言故事，如今已經忘得一乾二淨，抑或我們根本不覺得那和我們當下的生活有任何聯繫。

人類本就是一個善於逃避責任和歸因外界的物種。這就要求我們，必須時刻保持警醒，要有時刻為自己的行為承擔起責任的勇氣和信心。

倘若我們的心不再好奇，或害怕受到傷害，不再願意去經歷全新的體驗或只想安全度日時，生命便停留在了某處，不再前進。然而，生命要在危險中才能開出花朵。它需要我們放下一切的享受和欲望，像個旅行者一樣，只帶少許的東西上路，去探索和欣賞沿路的風景。那風景不只在外界，更在我們的內在。一旦我們停止探索，就會被生活前進的腳步

不斷拉扯，我們越是緊閉心門，就越是對未知感到害怕和恐懼。

我們都應帶著全新的、好奇的心去參與生活和生命，每一次都是新鮮的、不帶過往與成見的體驗。但從來沒有人給過我們這樣一個保證——每一次都能讓我們滿意。因為「讓我滿意」四個字，已經是帶有分別的二元對立思維了。

我們只能在盡可能客觀的認知基礎上，儘量做出相對理想的決定。而決定本身是無所謂好壞的，因為任何一個人都不可能充滿預見地將生命的點滴串聯起來，只有當我們回頭看時，才會發現這些點滴之間的關係。而所謂的好與壞，也都是由事物的發展和我們自身的心境而決定的。所以從本質上講，它並無好壞、對錯之分。

我們要做的，只是在忠於事實的每個當下看清楚自己，觀察自己。我們要知道現在所經歷的每個點滴都將在未來的生命中被串聯起來，並成為未來的自己。唯有如此，我們才能悉心觀察，用心經歷，明白一切都只是正在發生，明白生命的多樣性和不可預見性。也正是這份信念，才能讓我們充滿希望和能量，讓我們與眾不同。

莊子曾說：「善騎者墜于馬，善水者溺于水，善飲者醉於酒，善戰者易於殺。」

越是我們擅長的事物，越是容易令我們產生忽視、懶怠的心理，也容易讓我們因驕傲自大而產生痛苦。

老一輩「教導」我們時常常會說：「我吃的鹽比你吃的飯還多，我過的橋比你走的路還多。」但是，通常真正「有經驗」的人，知道經驗的局限性和狹隘性，他不會輕易講這

種話。

我們也從小被教育：「不聽老人言，吃虧在眼前。」然而，所有的老人都有智慧嗎？不一定。或許這句話改為「不聽智者言，吃虧在眼前」則更為客觀。

有多少人認為年齡就代表著經驗？「經驗」從某種意義上來說，是頭腦為了追求所謂的安全感，而產生的一種狹隘和盲目的自信。如果我們一味地追求這種所謂的「安全感」，那我們也只能永遠處於困惑、矛盾和失望之中。

智慧與年齡（時間）的積累無關，智慧與知識、經驗等記憶的積累無關，所謂的經驗，無法從根本上解決生活的難題，但智慧可以。

我們需要學習秉持自我誠實的態度，毫不掩飾、毫不逃避、毫不扭曲地看待事物的本質。唯有如此，我們才能變得謙卑，變得包容；才能對周圍的一切產生更為深刻的感知；才能把自己融入當下鮮活的生活中，去發現各種各樣的可能性。

曾經有一個人去面試，面試官問他有幾年的工作經驗，他說有十年。但面試官說：「你不是有十年的工作經驗，你只是將一年的工作經驗重複了十年而已。」

我們大多數人又何嘗不是如此呢？我們有多少人將兒時總結出的生活策略重複了一輩子，然後自詡自己總結了一輩子的經驗。不，他可能只是重複了一輩子的平庸或錯誤。平庸或錯誤不是問題，問題在於不斷地重複平庸或錯誤。

唯有勇於丟掉過去的一切，不依賴所謂的經驗行事，完全對生命抱持開放的態度，生命才會輕鬆地向著自己該去的方向前行。

> 凡具有生命者,
> 都在不斷地超越自己。
> 而我們,又為生命做了些什麼?

09

成為完整的生命

曾經有一段時間,我很想找一處僻靜之地,過一段隱居的生活。

當時在我所居住的城市周圍,想要找到一處世外桃源的可能性不大。於是,我就很想找一間像韓國首爾的「白羊寺」那樣的寺廟去靜心。

我的一位朋友是虔誠的佛教徒,他很熱心地幫我推薦了兩家「寺廟禪修體驗營」。

在那之前,我從未聽說過類似的體驗營,於是就上網查閱了一下:寺院通常每年會發起一兩次召集,將想要體驗佛教禪修的人聚集在一起,過一段類似僧侶的集體生活。去到寺廟之後,要上交手機,統一食宿。

網路上有很多歷屆參加過禪修營成員的筆記,我閱讀了其中的一些。他們中的絕大部分人,都是因為受到生活的打

擊或者重創（生意慘遭失敗、婚姻不幸、兒女不孝、痛失親人等等）想不開才去的。有的人通過參加禪修體驗營之後痛哭流涕，覺得自己應該早點信佛；有的後悔自己沒有早點來，白白受了那麼多心靈之苦……

我沒有宗教信仰，但我很鼓勵人們去尋找自己的信仰，可以是宗教的，也可以是科學的。因為真正的信仰會對個人的身心有所助益。我個人也一直都對各種宗教抱有開放的態度，喜歡去瞭解和學習各宗教的經典典藏。我認為禪修體驗營本是一件好事，它可以讓更多的人接觸到佛學博大精深的智慧。但是，大多數的人都將其作為擺脫痛苦、解救自己的最後一根稻草，這就偏離了本質。每每看到人們將信仰變成一種變相的依賴、或利益交換時，我就會覺得非常惋惜。

雖然我沒有宗教信仰，但我相信宇宙客觀存在的規律，我相信萬事萬物存在的本質。任何信仰本身並不是問題，但迷信就成了大問題，無論宗教信仰也好，抑或科學信仰也好。

對於真正的宗教信仰者，因為有「神」、「佛」或「上帝」的存在，所以「我」才會意識到自己的渺小，最後慢慢達到「無我」的狀態；對於科學信仰者，既然相信「我」是進化而來的，那「我」也仍將繼續進化，在進化的路上，「我」終有一天會消失，同樣也會達到「無我」的狀態。最終，「我」都會歸於本質——存在、完整與合一，這便是神性的最終體現。然而，無論宗教信仰者，抑或科學信仰者，或出於恐懼、或因盲目而不假思索和求證地篤信某一邊時，他都會成為一位迷信者。

一位迷信者，永遠不可能真正地與存在的源頭產生連結並合一。只有當一個生命，回歸它真正的本質——愛、寧靜、喜悅時，它的神性才會自然顯現，它完全不用依賴任何方式讓自己獲得安全感，也不會被任何框架、教義、理論、傳統所束縛。

「神、佛、上帝、宇宙……」無論我們怎樣稱呼和定義它，它就在我們每個人的身上。換句話說，我們每個人，都是主宰自己命運的「神」；或者說，宇宙生命能量一直持續地在我們身上運作。

釋迦牟尼從信仰的角度，曾闡述眾生的自性即是佛性，眾生對佛法的信仰，僅僅是對自性的認識。在《金剛經》中，佛告須菩提：「不應住色生心，不應住聲、香、味、觸、法生心，應無所住而生其心。」

後來，我也主動放棄了原本的念頭，因為我意識到那個念頭本身就已經住了相。

我們總是不由自主地被喜好所支配，無意識地被不斷累積的記憶本能反應所驅使而不自知，從而不知不覺地給自己設了限。只要我們在心理上還依賴於外界的什麼來給予自己一些東西，比如快樂、安全感或慰藉，那麼痛苦的緩解也只是暫時的，因為我們還不夠瞭解事物的本質。

人類很容易陷入自我欺騙的謊言和假象中，我們不停地用一個事物代替另一個事物來填滿自己的心，不斷地從一個信仰轉換到另一個信仰，只為了有個「神」或「佛」或「上帝」來保護無助的我們，我們就是不敢、也不想面對真實的自己和真實的世界。

我們害怕面對真正的問題，害怕承擔痛苦，習慣於逃避。我們寧願把一切不如意都歸因給原生家庭、父母、學校、老師、社會、公司、老闆，甚至是陌生人，也不願為自己的生命承擔任何責任。

　　但我們不知道，只有痛苦，才是成長的唯一源動力。

　　美國著名心理醫生斯科特·派克曾在《少有人走的路 - 心智成熟之旅》一書中這樣寫道：

　　「痛苦分兩種：一種是主動承擔生命所必須面對的痛苦；另一種是逃避生命所必須面對的痛苦。選擇前者的人是智慧和快樂的，因為他們能從痛苦中獲得彌足珍貴的經驗與教誨，從而讓生命不斷精彩綻放；選擇後者的人是愚蠢的，因為逃避意味著要承擔更多心理上習慣性強迫的痛苦。智慧的痛苦，往往因愛而生；愚蠢的痛苦，往往源自恐懼。」

　　曾經有一檔美食節目做了一個很吸睛的烹飪料理，其過程是將一條活魚生剝，用餐布裹住魚頭只將其身體部分油炸，然後澆上湯汁上桌，上桌後的魚還是延口殘喘的。

　　雖然我個人對這種不人道的、殘忍的烹飪方式不認可，但是畢竟夠吸睛，關注和讚賞的人很多。而且有很多人表示自己想在家嘗試。

　　暫且拋開烹飪方式不談，我就只拿那條魚來做個比喻。我們大多數人的痛苦，正和那條魚一樣，處於將死的狀態之中。

　　我們的身體看似是活的，但心是死的。一個處於半生半死狀態的生命，必然是痛苦的。對於有些人來說，讀自己不喜歡的專業是痛苦；做自己不喜歡的工作是痛苦；沒錢是痛

苦，有錢也痛苦；單身是痛苦，結婚也痛苦；生不了孩子痛苦，生了孩子更痛苦……我們每個人似乎都有沒完沒了的煩惱和痛苦。

於是，向外尋找刺激就成了大多數人唯一緩解痛苦的方式。我們總想透過金錢、酒精、睡眠、工作、娛樂、享受、沉迷讀書、婚姻、爛性、爛藥來麻木自己，逃避現實。因為只有精神上的寄託，才能感覺到自己還活著。我們重複枯燥乏味的機械性生活或用各種逃避和麻木自己的方式提醒自己還活著，但到頭來，機械和麻木只會導致更多的無聊，更多的無聊反過來又助長那些精神上的依賴。因此，痛苦會加劇。

當我們借助那些外在手段獲得短暫的快樂之後，再一次跌入現實之中會跌得更深、摔得更慘。也許偶爾，我們的確能從中感受到那種久違的生命力，但卻如曇花一現，稍縱即逝。於是，為了追求它，即時行樂就成了我們的人生信條。

我們不知道自己究竟想要什麼，一個失去了靈魂的軀體，就只是一個軀殼，就必然會透過貪圖物質享受，來滿足那個軀殼。一個失去生命力的軀體，一顆枯萎的心靈，必定會在痛苦和折磨中重複機械性的生活。因此，令我們感到痛苦的，並不是因為我們失去了什麼，或擁有著什麼，而是因為我們並不是一個完整的生命，並沒有處於全然綻放的生命狀態之中。

我們向外尋求一切，只不過是為了讓自己更加開心。但我們卻不知道，宇宙生命能量的運作方式，本就是為了讓我們開心而設置的，因為它是包容、完整、合一的。可我們

卻總是本末倒置，做出與它的本意完全相反的事情，比如計較、分別、排斥等等。我們不知道，其實正是自己——這個「小我」一直在阻擋著宇宙的善意，是「小我」執意地讓自己陷入黑暗痛苦的逆流之中。

對於「大我」而言，任何發生都是應該發生的。「大我」永遠不會犯錯，因為生命旅程永遠不會結束，生命是一場盛大的遊戲，就像孩子們在玩耍一樣，他們只是在享受當下，只是想讓現在好玩。這就是一切。

因此，「小我」有兩個選擇，一是欣然接受並享受所發生的一切，全身心地參與這場盛大的生命遊戲；二是排斥並抱怨這一切。「小我」非常清楚後者的結果，因為幾乎我們每一個人都經歷過它。然而，想要如自己所願創造自己的命運，「小我」就必須努力去連接宇宙「大我」的源頭，並與它合一。唯有如此，我們想要的金錢、美麗、健康、富足、喜悅……才會不斷地向我們湧來。

一個人，作為一個生命，可以沒有知識、沒有學歷、沒有地位、沒有金錢，但絕不能沒有對生命的認知和領悟。

大多數人都把知識、學歷、地位、金錢當成畢生所追求的目標，他們的目的在於追求良好的自我感覺，使自己「看上去」比別人強，給自身增添榮耀，滿足他們那可憐的虛榮心。而這正是精神貧乏和內心空虛的表現。

正如很多「熱愛」讀書的人，他們能很好地應付考試，他們知識淵博、口才出眾、文筆不凡。但是，雖然他們擁有足夠高的學歷和被人羨慕的專業知識及文采，但如果他們對生命的課題一無所知，那麼，所有那些知識都無法整合成有

益於他們自己的養分來滋養其生命。他們只是在用一種看似高大上的習慣強化著自我。他們看的書越多，學的知識越多，局限和束縛就越大。最終，他們也許只能成為一個行走的百科全書，這正是這類人承受痛苦和折磨的原因所在。但倘若一個人擁有對生命的感知力和領悟力，他就能直接體驗到真理。這樣一來，他也許就不用讀那些書了，因為有關生命的一切，他都能了悟，他是一個真正的、全然綻放的生命，這是一個生命的終極使命。

馬可・奧勒留在 1800 多年前的《沉思錄》中寫道：

「我之所以為我，不過是一堆肉、一口氣和一股控制一切的理性。丟開你的書本！不要再被書本所困惑，那是不可以的。要像一個垂死的人一般，輕視那肉體 —— 那不過是一汪子血、幾根骨頭、神經和血管組成的網架。再看看那一口氣，究竟是什麼東西 —— 空氣而已，還不是固定的一口氣，每分鐘都要呼出去，再吸進來，剩下來的是理性；要這樣想：你是個老年人了，不要再做奴隸，不要再做被各種私欲所牽扯的傀儡，不要再令他怨恨現世的命運，並且恐懼未來的命運。」

從現在開始，做一個鮮活的、完整的生命吧！因為只有由內而外、身心靈各個維度全然活著的人，才能體會到真正的愛和喜悅。

第五章
成長課題

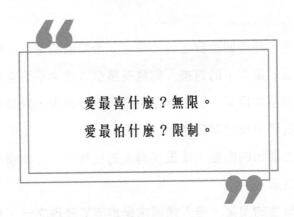

愛最喜什麼？無限。

愛最怕什麼？限制。

關於愛

人，如果脫離了愛，一定不會感到幸福。

我們的矛盾和痛苦，大多都因「愛」而生。有人為了逃避傷害，選擇對愛敬而遠之，有人為了緊緊抓住愛，變得歇斯底里。人們一邊渴望著愛，尋求著愛，一邊又害怕著愛，躲避著愛。似乎「愛」總是讓人難以捉摸，令人吃盡苦頭。

其實，「愛」遠沒有我們想像和理解中的那樣複雜。一旦我們學會了愛的課題，我們就學會了人生和成長的課題。

談及成長，離不開家庭，談及家庭，離不開愛，談及愛，我們不得不追溯至嬰兒時代。

作為人，從我們來到地球上體驗生命的那一刻開始，

就與母親建立起了密不可分的聯繫。我們透過母親的身體而來，透過母親的乳汁存活。一個失去了母親的嬰兒，無法獨自存活下來。可以說，所有的嬰兒都完全依賴于母親而存活。

母親，是這個世界上與「偉大」最緊密相連的一個詞。但在這個「偉大」的背後，究竟有多少人性中不可言說的秘密，我們不得而知。這並非在否定母愛的偉大，只是身而為人，「我們必須瞭解自身的陰暗面，必須意識到從潛意識中努力向上湧出的內容。這是作為人的任務。」心理學家榮格曾這樣說道。

對母性的渴望，是人類追求優越感的表現之一，是人類力圖貼近「神」的渴望的一種體現。我們常常會見到有些母親很喜歡炫耀孩子，並以此為榮為傲，其背後的原因，正是她們潛意識中追求優越感的內在驅動力。

透過生育和養育孩子的過程，大多數母親會有一種「持續創造某件作品」的感覺，也許她們從未意識到。從本質上說，這種感覺就像自己擁有一種能夠掌控生死的力量，或者說，自己就是那個創造生命的「神」。

母親對嬰兒進行引導和訓練，這本身並沒有問題。但是，如果在追求優越感的驅動力的促使下，母親不由自主地對嬰兒的本能進行「自己認為正確」的調整、訓練、教育和改造，則會對嬰兒的潛能造成巨大的危害。如果一位母親自始至終都無法在思想上將自己與嬰兒分開，即視嬰兒為獨立于自己之外的獨立個體，這不僅是她自己的悲哀，也會使嬰兒在其成長過程中以及成年、成家後受到更多的阻礙。

我們常說，父母與兒女，就是一場漸行漸遠的離別。父母看著嬰兒漸漸長大，成為他們自己，去追求他們的人生，在這個過程中，參與他們成長的每一刻，透過孩子看到生命的偉大與神奇。這就是我所理解的「圓滿」。而不是將他們當成自己的所屬物或自己的某個部分，與其「共生」或「寄生」。

　　在嬰兒的人生當中，母親是其生命中最早與他發生聯繫的「他人」。作為母親，應該一步一步地引導嬰兒逐漸認識到：在這個世界上，除了自己之外還有其他人存在。這是嬰兒人生中第一次瞭解與他人「合作」的機會。然而，如果當一位母親因為自己的欲望，試圖將孩子與她捆綁在一起「共生」時，嬰兒就會失去第一次寶貴的認識合作的機會。因為合作只能出現在至少兩個獨立的個體之間。

　　與人合作的能力，是貫穿一個人一生情感和生活幸福與否的關鍵。生活、友情、愛情、婚姻等等的幸福程度，都基於合作的關係。而愛情和婚姻的幸福程度，就基於最小的合作單位——兩個獨立個體的「合作能力」。

　　但是與母親「共生」的嬰兒，往往會喪失合作的能力。因為他們的母親為了將其據為己有，常常會告訴孩子，世界上除了她，沒有人會真心對他好。她們想透過這種方法使孩子依賴她，而她也滿足于孩子的這種依賴。可是，她卻不知道，這種做法的後果極其嚴重，因為她培養了孩子對外界一切人和事物的敵意。

　　當孩子成長到一兩歲時，母親應該引導孩子擴大他對世界的認知，即讓孩子瞭解，這個世界上除了他和母親之外，

還有其他的獨立個體。這是孩子第一次認識世界雛形——除
了你，我，還有他，他們……的機會。如果此階段的母親仍
然執迷不悟，甚至不希望或嫉妒孩子與父親走得更近、感情
更好，又或者因父親本身的失職時，孩子就又一次失去了成
長、獨立與合作的機會。

在嬰兒的認知裡，「我笑了，全世界就跟著開心，我哭
了，全世界就地動山搖。」因為他還沒有能將自我與外界區
分開來的能力，這會產生「愛等於被愛」的錯誤認知。不過，
宇宙生命能量早已為人類的心靈埋下了愛的種子。

當孩子再長大一些，到了三四歲的時候，就喜歡主動地
幫父母做一些事情——例如，澆花、洗碗、做家務……事實
上，這個階段的孩子，正處於從嬰兒期的認知「愛就等於被
愛」過度到「我要主動去愛別人」的轉變過程當中。

在這個轉變過程中，孩子會自發地、主動地去愛、去付
出，他的愛與行為沒有經過任何邏輯上的權衡，更沒有任何
利益上的取捨，僅僅只是因愛而愛。這是人生中極其關鍵的
成長階段。

如果我們認真觀察，幾乎沒有一個身心發育正常的孩子
不是如此。他們帶著宇宙意識自發自動地願意成為一個具備
「有愛的能力」的人。可是，卻往往容易被帶有錯誤、偏見
行為與言語的父母所影響，使孩子的性格發生極大的扭曲。
比如，有些父母會責怪孩子越幫越忙，有些會罵孩子把衣服
或鞋子弄髒了，有些父母會喝止孩子等等。

大多數父母並沒有意識到，很多時候，他們所謂的「為
了孩子好」的背後，其實隱藏著自己的私心——怕孩子給自

己頻添更多的麻煩。

甚至有些更為「病態」的父母，當他們意識到孩子有自己的想法、或者孩子可能會將愛分給別人時，他們會試圖改變孩子的想法或阻止孩子。比如，兩個孩子都在吃冰淇淋，其中一個孩子先吃完，他想要吃另一個孩子的冰淇淋，另一個孩子也願意分享他的冰淇淋時，這個孩子的父母就會覺得他很愚蠢，會說：「你看人家多聰明，吃的快，吃完了還要吃你的那一份，你看你多傻，總是吃虧」等等。

一個人身心健康的成長，離不開和睦而溫暖的家庭環境，離不開具有健全人格和良好品性的父母。夫妻關係不和諧的家庭，孩子的身心健康也會受到嚴重的影響。

我們也常常看到，因為夫妻關係不和諧，孩子成了他們雙方戰爭的武器和爭奪的利益。雙方都想把孩子當成自己的私有財產綁在自己身邊，想盡辦法討好孩子，讓孩子更親近自己。可是，他們忘了，孩子是一個人，一個獨立的個體，而不是一件物品。

孩子的觀察和適應能力遠比父母想像中強大。當他觀察到父母的分歧時，就會很熟練地利用這些分歧來為自己謀利。在這種氛圍中成長的孩子，自私的品行會深深地植入他們的內在。

由於孩子最初看到的「合作榜樣」就是父母之間的合作，而失敗的合作結果也必然會影響他的合作能力。無論在學校、工作中，抑或是在今後自己的情感或婚姻關係中，他也必然會面對更多的考驗和磨難。

當邁入青春期時，愛情問題就成了孩子的新課題。從父

母的婚姻關係中，孩子也獲得了他們對於未來婚姻伴侶的第一印象。他們一方面對感情和婚姻抱有不切實際的幻想，另一方面，他們在實際相處過程中會表現出悲觀或自卑，在這種心理暗示的作用下，他們的情感之路必然是艱辛的。

我們不得不承認，愛的課題一直在被一代又一代人無意識地複製著。孩子對愛的理解最初就來自於父母與家庭。

愛情，是一種極易被混淆的情感，人們通常會把荷爾蒙的吸引錯誤地當成愛情。事實上，那只是兩個身體釋放的化學元素產生的化學反應，那種相互的吸引並不是愛。那是人們對愛的狹隘理解。

而當孩子誤以為那就是愛（事實上，絕大部分父母也誤以為那就是愛）時，那種所謂的愛就會在最大程度上造成排他性。這也正是我們經常看到的，人們對彼此的控制欲和佔有欲產生的痛苦和傷害。

我們每個人隨口都能講出各種對愛的詮釋——愛是互助、包容、理解對方；愛是無條件地付出；愛是關心、愛護和照顧對方等等。

我們口口聲聲「以愛之名」告知天下自己深愛著孩子、父母、另一半、朋友……我們從未懷疑過自己對他們的愛有半點虛假，我們深信自己付出了一切，但卻常常換來令人悲傷和失望的結局。

可是，那些關於「愛」的困擾，無一例外地都與對方沒能滿足我們自己所期望的一切有關。比如，對方沒有滿足我們的意願；對方離我們而去；對方對我們冷淡；對方對我們不體貼、不理解等等。且慢，剛剛我們不是還口口聲聲地說

「愛是無條件地付出、理解和包容」嗎？那為什麼會因為自己的期望沒有得到滿足而產生抱怨和痛苦呢？

我們把「所愛之人」當成滿足和實現自己欲望的工具，卻聲稱那是愛；我們不僅自我欺騙，還要讓別人相信那個謊言；我們都在關係中不自覺地使用雙重標準，嚴以律人，寬以待己。

當孩子從自己父母身上學會了如何使用權威時，他也就潛移默化地學會了如何在感情中把握強勢地位，掌握主動權。他會誤以為愛一個人就是要過問、插手和打理對方的一切（代替對方而活）。正是這種越界的行為，造成了雙方的矛盾和痛苦。當兩個人都帶著狹隘、自私和不成熟的愛走到一起時，他們的痛苦也會加倍。他們並不是相愛，而是為了從對方身上證明自己是值得被愛的。

而當一個孩子從父母身上學會了被動地忍氣吞聲時，他也就潛移默化地學會了在愛情關係中將主動權拱手相讓給對方，任由對方侵犯自己的邊界，看著另一個人控制自己的人生和選擇（代替自己而活）。他會誤以為那是愛的另一種表達方式。

當一個孩子從母親身上學會總是「犧牲」自己的感受來「成全」所有人，並以這種「品格」為榮為傲時，他會誤以為他學會了「無私」的品質。然而，當一個人連自己的感受都不顧及時，他會很容易因為別人沒看到自己的付出而仇視他人、家庭和社會，如他的母親一樣。這種以「犧牲自我為榮譽」的心態，並不是愛的表現，而是「不自愛」的表現。那是出自某種心理需求而發展出來的維繫情感的方法。情感

一旦脫離了愛的本質，變成一種維繫時，痛苦也將隨之而來。

「愛別人與愛自己並不是兩者擇一、不可兼得。恰恰相反，在一切有能力愛別人的人身上，我們恰恰能發現自愛的態度。愛，在原則上說，是無法將『物件』跟自己分別開來的。真正的愛是創造性的體現，包含了關懷、尊重、責任心和瞭解諸因素。愛不是一種被人推動的情感，而是積極地渴望被愛者的發展和幸福；這種追求的基礎是人自愛的能力。」心理學家弗洛姆曾這樣寫道。

愛，是一種可以被感知的內在情感和能量，是一種可以去愛的能力。一個人，如果缺失了愛他人的能力，就很容易變成情感的奴隸，不是過度地付出，就是面目可憎地推卸責任。

愛情使者丘比特曾問愛神阿芙羅黛蒂「愛」的意義是什麼？阿芙羅黛蒂說：

「愛就是無條件、無偏見地傾聽對方的心聲，彼此協助；愛需要自己懷著一顆感恩的心，不斷地付出更多的愛，無私地去灌溉愛之苗而不求回報；愛需要展示你的尊重，表達體貼、真誠的鼓勵；愛需要仁慈地對待，寬容對方的缺點與錯誤，包容對方的一切。」

「愛」的英文 LOVE 中，L 代表 listen（傾聽），O 代表 obligate（感恩），V 代表 valued（尊重），E 代表 excuse（寬恕）。

首先，愛是傾聽。

一個真正懂得愛的人，會願意主動、深入地瞭解他所愛

的人，而這個瞭解的途徑，便是傾聽。唯有瞭解，才能正確和真正地給予。而大部分時候，我們所謂的給予和付出，只不過是在滿足自己的一己私欲。我們常常在標榜自己給予，然而有多少是對方真正想要和需要的？

愛是感恩。

感恩是對生命的臣服，是接受生命所給予的一切。而我們，只想在所謂的愛中得到自己喜歡和想要的，這不是愛。就像張方宇在《單獨中的洞見》所述：「很少人會真正地去愛別人，人們只是想借著給出一點愛而獲得愛，那是一種垂釣。」

愛是尊重。

尊重的前提是平等互助。平等就是不卑不亢，不敬不懼，不諂不媚。平等是良性合作的基石，它是橫向互助的關係。它使得雙方互相尊重對方的個體差異並接受對方原本真實的樣子，而非控制與被控制的縱向關係。但顯然，很多問題就出在這裡。我們總是在試圖透過一些手段，來改造對方成為自己所希望的樣子。

愛是寬恕。

無論我們的愛是否得到回報，我們都不計回報，自發地去愛別人。正所謂「我愛你，但與你無關。」

我們來看看通常「因愛成恨」的過程是如何演變的：

起初，男女雙方因荷爾蒙的吸引走到一起，化學反應帶來的新鮮和刺激使得雙方變得盲目，對方的缺點也成了優點，一切看起來都很美好，因為一開始這種愛的確是無條件的，兩顆無條件相愛的心是美好而甜蜜的。「我愛你」三個

字是萬能的。

　　但是，人性中存在這樣一個問題。人們一旦從中嘗到了甜，便會試圖開始嘗試為自己的欲望「謀取利益」。這個時候，愛開始基於某些條件了，當愛開始變得有條件時，愛就消失了。雙方都在小心翼翼地試探對方的底線。漸漸地，雙方都失去了自己的底線，也踩踏了別人的界限。每一次向前試探，都是在破壞這段感情，直到最後無路可退。當人們發現「我愛你」三個字已經不再有用，卻依然想用盡全力讓它變得有用時，這段感情就成了自我欲望的滿足，控制欲將會令愛蕩然無存。

　　一段真正的、有愛的關係，是相互的滋養，而非相互的榨取。

　　我們每一個人，都帶著先天不同的業力基因、遺傳基因在不同的家庭環境和生活環境中長大，我們受父母和傳統教育模式的影響探索世界。我們透過與父母、家人和外界的互動，來摸索自己的處事經驗，然後逐漸明白：當自己做了一個可愛的表情，逗得他們哈哈大笑時，他們是喜歡我們的，當自己玩泥巴弄髒了衣服時，他們會黑著臉斥責我們，那代表自己不被喜歡。於是，在成長過程中，我們會主動透過互動來摸索自己的處事方式和待人的態度，目的就是為了獲得關注、喜歡、愛和表揚，要盡可能地避免做「錯事」（這個錯事不代表真正意義上的錯，而是別人認為不好的事情），避免被否定和排斥。這就是性格形成的過程。

　　人類是唯一一個身體比思想發育更緩慢的動物。我們都以為一個一歲左右的孩子什麼都不懂，其實，他們可以明確

地知道大人們的一切情感、態度和意圖，並能做出有益於自己的回饋方式。只是他們身體發育上的限制，讓大人們認為他還只是個孩子，什麼都不懂。

然而，最初所做的鬼臉也好，玩泥巴弄髒衣服也罷，並沒有什麼對錯之分，一切都是天性使然。是大人們的態度和行為讓我們覺得我們「做對了」或「做錯了」。於是，這樣一個幾乎被所有父母所忽略的細節導致了我們中的大部分人都在「討好別人」和「尋求被愛」的關係中長大。

渴望和尋求被愛、主動調整生存策略、因為對方沒有滿足自己的期待變得失望或不再愛，是人的天性，它的內在動機在於自己是否得到了欲望的滿足。

我們歷代沿襲下來的賞罰教育模式，讓人們為了肯定和獎勵而去做某事。而這種典型的縱向關係甚至會扭曲我們的想法。比如，如果得不到任何好處，就寧可不去做好的事情；或者，如果不會受到懲罰，做點壞事也無妨。而這會醞釀出更大的危險。這一點在古訓「莫以善小而不為，莫以惡小而為之」中就早已記載。

在縱向關係下，我們往往會為了討好別人而忽略或壓抑自己真實的渴望，去做一些「應該」的事情。最初，我們可能是有意識的這樣去做，但久而久之，這種思維模式會變成一種慣性，替代真實自我的想法，逐漸演變成一個人的主導思想和行為模式，從而發展出偏離自己原本真實性格的「神經症人格」。最終，我們可能不再知道什麼才是真正想要的，而只是去做「應該做」的事。而這些「應該」，連我們自己也不知道到底是誰的「應該」。

一切以「應該」為出發點的愛，都不是真正的愛，那是在「尋求被愛」和「掌控權」。而很多人卻會把這些混淆為「愛」，這是關於「愛」的最大陷阱！也是人們產生悲傷和痛苦的本質。

　　什麼叫尋求掌控權？就是找到一種方式能讓自己感覺到自己在這裡是安全的。尋求掌控權的方式有很多——暴力、威逼利誘、示弱等等。比如，我們都知道，嬰兒只要一哭，全世界都會圍著他轉。嬰兒就是在用自己的軟弱來獲得安全感。

　　帶著「尋求被愛」和「掌控權」的人一旦進入群體生活——學校和社會時，就會不由自主地視其他人為競爭對手。因為每個人都渴望自己被表揚、被喜愛、被重視，每個人都想獲得榮譽。而要贏得這一切，自己就必須比別人優秀，這就導致了我們無法公平地視他人為真正的朋友，無法與他人形成平等的關係，更談不上真正的互助互愛了。

　　這種惡性的競爭關係導致我們要麼操縱別人，要麼被別人操縱。縱向關係裡不存在「真正的愛」，這種關係只能導致「權力之爭」。

　　從我們把「我」的價值觀當成衡量一切標準的那一刻開始，人生的災難就已經註定。我們只想把那個生命套進自己的道德和成見的框架裡，讓自己舒服、讓自己滿意、讓自己安心，我們從不會過問對方是否喜歡、想不想要、願不願意。

　　真正的愛，絕不會把自己的意願強加于對方之上；真正的愛，無需言語，對方一定能感受得到；真正的愛，是給對方機會讓他成為他自己，讓他的生命能夠盡可能的豐富和完

整。愛一個人，不是看我們說什麼，而是看我們做什麼。

　　如果要用一句話來總結——真正的愛，就是永遠用「給予」去滿足對方；虛假的愛，就是永遠用「要求」來滿足自己。尼采說：「如果一個人習慣於不想從別人那裡得到，卻始終給予，那麼他的行為就是不自覺的高尚。」

　　當我們放下「我」的衡量標準，去傾聽所愛之人的心聲時，我們才能真正走進他的內心；當我們心懷感恩時，快樂與幸福的甘露才會撒進心靈；當我們彼此尊重時，人生的境界才會曠達；當我們包容萬物時，愛的種子才會發芽，愛的意義才會深遠。

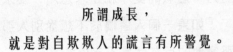

> 所謂成長，
> 就是對自欺欺人的謊言有所警覺。

解決問題的關鍵

所有童年遺留下來懸而未決的問題，都會滲透在成年後的生活中，而成年後所有那些尚未解決的問題，又會「複製」給下一代。

對於大部分人來說，童年不堪的經歷都會影響其一生。每每當人生中再次遇到相似的經歷時，內心總是無法釋懷，要麼覺得這個世界對自己太不公平；要麼全部歸因於極其不幸的童年；要麼責怪原生家庭和父母；要麼認為自己生不逢時……總之，一切都是外界和他人的錯，自己只是一個徹頭徹尾無辜的受害者。

然而，事實真的如此嗎？即便父母、原生家庭、學校、社會統統都有問題，難道我們自己一點兒責任都沒有嗎？

「一個人，倘若一旦把某些個人認定的特定的經歷當作未來人生的基礎，那麼或多或少，他就開始誤入歧途了。」

「我們口中所謂的『創傷』，事實上並不是曾經那些不堪的經歷所帶來的傷害，而是我們從那些過往中解讀出來的意義。我們並不知道，真正傷害我們的，並不是那些具體發生的事件，而是我們對那些事件賦予的經驗和意義。」心理學家阿德勒在《自卑與超越》一書中這樣寫道。

事實上，人生中那些所謂的傷害和創傷和我們身體上的疾病一樣，它們只是在以它們自己的方式提醒我們，該照顧自己的身體、心靈和精神了，該為自己的人生承擔起責任了。既然我們無法改變父母、他人、外界，那就改變自己，這是唯一的辦法。想要真正解決問題，關鍵就在於問自己：「我接下來要怎麼做？」

這是打破無濟於事的抱怨循環和絲毫不能讓自己的人生有所轉變的唯一方式。將這種從抱怨的怪圈裡跳出來的思維養成一種習慣，將它變成自己的慣性思維模式是最重要的。一旦養成這種思維模式，無論今後遇到任何問題，我們都能馬上跳出怪圈直擊問題並尋找解決方案，而不是把能量浪費在無謂的情緒中。這是讓我們遠離痛苦和改變人生的第一步。

可是，大多數人，寧可抱怨，也不願做出任何改變。為什麼呢？因為抱怨很過癮，改變很痛苦。過癮是因為情緒暫時得到了宣洩，但它解決不了根本的問題，而改變會讓他本能地感受到另一種不適，這種不適被稱為「害怕成長的痛苦」。

人們大都喜歡相互抱怨，也很容易對彼此的痛苦產生共鳴。相互「倒完垃圾」之後，蓋子一蓋起來，結束。但是，

垃圾仍然還在裡面，垃圾桶並不會因為相互交換了一些垃圾而變乾淨。

很多時候，我們其實並不想真正解決問題，於是，為了給「不滿意現在的自己」找一個合理的藉口，我們就會拿「過去」說事。這一點由於自我保護機制的原因，並不是所有人都能意識到。但如果我們秉著對自我誠實的態度，是可以意識到的。

這是一個極棒的因果說辭——「因為過去如何如何，導致我現在是這個樣子」，或者「要不是因為過去如何如何，我就不會是現在這樣了」。又或者，我們並不想改變，無論多麼痛苦都依然想要「維持現狀」，那就需要找一些合理的藉口，為了肯定「現在」而肯定不幸的「過去」。比如，一些被家暴的女性，總會說「比起過去，他對我已經好多了，他還是愛我的，他一直在認錯，並且一直在改正。」

當一個人不想改變現狀時，他可以為自己找出各種各樣的理由和藉口，他會在大腦中提取出各種適宜當下的情境的措辭來作為完美且合理的理由。正如周濂的那本書名一樣——「你永遠都無法叫醒一個裝睡的人。」這種人，只能任其活在自欺欺人的謊言中。

大多數抱怨沒時間去旅行的人，他們其實並不想去旅行；大多數抱怨自己沒時間陪孩子的人，他們其實並不想陪孩子；大多數抱怨自己婚姻不幸福的人，他們其實並不想經營好自己的婚姻；大多數嘴上喊著我想要自由自在生活的人，他們其實並不是真正地想要自由。他們都是同一類人。

「自由包含責任和勇氣，而大多數人既害怕責任，又缺

乏勇氣。」這就是人們不願改變和害怕改變的真正原因。所以自欺欺人就變成了唯一最好用的方式，其目的，就是逃避現實，逃避生命。

人的大腦很有意思，它會從「記憶庫」中選擇並重組符合現在「目的」的事件並賦予其意義，並將那些不符合現在「目的」的事件抹去。這就是我們所堅信的「記憶」。

事實上，只有正在經驗的當下，才是真實存在的。過去已成為記憶，並且會被人根據自己當下的需要隨意著色、修改進而提取，而未來則是頭腦虛構出來的幻象，無論它是什麼樣子，都只是一個虛幻的假象，只有當下（此刻），才是真實的存在。

「怎樣才能活在當下？」這是很多人的疑問。然而，當我們不加思考、不加體驗地急於想得到一個答案或結果的時候，就是沒有活在當下。

只想得到答案或結果的人，只能活在未來。因為活在未來的虛幻中，所以無法體驗當下。因此大多數人，一生都只是「活著」，但從未真正「活過」。

分享一個小故事給大家：

上帝拿著手提箱來找一個正處於彌留之際的男人。上帝說：「好了，我的孩子，我們該上路了。」

男人問上帝：「這麼快？你的手提箱裡裝了什麼？是我的記憶嗎？」

上帝說：「不，你的記憶屬於時間。」

男人又問：「那裡面裝的是我的妻子和孩子嗎？」

上帝說：「不，他們屬於你的心。」

男人說：「那裡面裝的一定是我的靈魂。」

上帝說：「我的孩子，你犯了一個可悲的錯誤，你的靈魂屬於我。」

男人聽了，滿眼淚水地從上帝手裡接過手提箱，然後打開它……竟然是空的！！！

男人問：「難道我什麼都沒有嗎？什麼才是我的呢？」

上帝說：「你的每一刻，每一個瞬間，每一個當下。你活著的每一個瞬間都是屬於你的，生命只是一個瞬間，生活只是片刻……」

所有人的生命都終結於「此時此刻」。所以，無論是20歲還是90歲，只要活在當下，愛在當下，享受當下，只要他真正的「活過」，深刻地經驗著每一刻，那他的人生就是完整的、幸福的。

生命就像向上拋出的硬幣一樣，是隨機的。我們向上拋十次，如果有8次都是正面，就自然會認為剩下的2次應該是反面，但事實並非如此。因為每一次拋出的硬幣，都是一次獨立的動作，和之前並沒有必然的聯繫，而每一次落下都是隨機性的，正反的比例各占50%。這與賭桌上壓大小和買彩票的道理一模一樣，每一次或每一注都是隨機的。

生活也是如此，它充滿了不確定的隨機性和眾多的可能性。過去所有那些我們所認為的不幸，並非是要來傷害我們的，它們的目的，是希望我們能看到更多的面向，並重塑自我。

重點就在於，我們是如何看待這一切的，又將如何做出選擇。

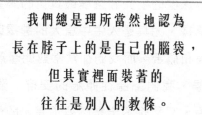

> 我們總是理所當然地認為
> 長在脖子上的是自己的腦袋，
> 但其實裡面裝著的
> 往往是別人的教條。

如何做出理想的選擇

人生每時每刻都面臨著選擇，這些選擇從小到今天吃什麼、在哪兒吃、和誰吃，大到讀哪所大學、學什麼專業、做什麼工作、結不結婚、要不要孩子等等等等。可以說，人生就是由一系列的選擇所組成的。

我們通常都是基於什麼而選擇的？如果我們認真回想，就會發現，絕大多數時候，我們都是透過頭腦的衡量來做選擇的。

然而，頭腦中的一切認知，都源自於從小到大我們所處的不同環境的外界輸入——家庭、父母、學校、時代、傳統、文化、信仰、社會等等。然而，這些被寫入的程式都並非完全與我們內心的渴望一致，更多情況是相悖或被限制的。

我們所有的選擇，都基於我們對人、事、物固有的態度。而這些已經被定義、被限制和被固化的態度，既可以影響我

們做出正確的決定，也可以影響我們做出錯誤的決定。一旦當我們忽視內心深處的感受和靈魂最真實的渴望，只是透過大腦程式做出選擇、尤其是人生中重大的選擇時，就會產生越來越多的問題和痛苦，而我們卻常常對此毫無察覺。

　　大多數時候，我們都聽從頭腦的安排，雖然有時會隱約感到有點不妥，卻又說不出是哪裡不妥。即便我們很多時候都得到了我們認為應得的結果，但我們始終感受不到內在的幸福和滿足。久而久之，我們與靈魂的距離越來越遠，我們越來越脫離真實的自己，我們甚至不知道自己真正喜好什麼，想要什麼。我們只能像一個被設置好的肉體機器人，做著所有機器人都「應該做」的事，卻不知究竟為何要做這些事。麻木、茫然、冷淡、漠然便是最終的體現，而這一切，又是導致心理痛苦的原因。

　　我的人生曾經有很長一段時期處於失控狀態，因為我不得不聽從或顧及家人的感受，只因從一個違背自己內心意願的「錯誤」決定開始，我的人生就不再是我自己的了。我逐漸發現自己的人生開始失控，它就像一匹脫韁的野馬，瘋狂地奔向與我的渴望背道而馳的方向，我常常林立於陡峭的懸崖邊上，處在玉石俱焚的焦灼、掙扎與痛苦之中。

　　而結束這一切的，正是從我下定決心要聽從自己內心的聲音，鼓足勇氣決定要「做真正的自己」開始的。從那之後，我發現我開始一點一點的逐漸對自己的人生有了掌控感，有了踏實感，有了安全感。我的人生開始慢慢步入正軌，我不僅一個接一個地實現了自己的願望，而且還意外收穫了更多的人生價值，我終於體會到真正的幸福和喜悅的感覺。

如果你也正處於人生失控的狀態，那麼，請你一定要停下來、靜下來，好好傾聽一下內心的聲音。因為「心」是我們做選擇的部分，也是我們最敏感和最脆弱的部分。就像夜空中的月亮一樣，它反射著太陽的光芒，散發著皎潔的月光，但更多的時候，它總是處於陰晴圓缺的改變之中。我們需要小心地呵護它，傾聽它。

　　在占星學中，月亮就代表我們潛意識層面的驅動力。而我們大部分的行為，通常都是由潛意識驅動的。

　　月亮代表感性，這是一種頭腦邏輯無法觸及的最純粹的情感。這種強大的情感能量能夠讓我們在黑暗中看清一切。但是，如果一個人的月亮極其暗淡，那麼他的內心就會被渴望和殘酷的現實撕成兩半。那些被壓抑的強烈情緒會將他吞噬，使他變得情緒化、黑暗、抑鬱和心碎，他所有的體驗都是被動且機械的，他所有的感受都將只剩下枯燥和乏味。

　　在古代文明中，月亮的規律性變化和它的易觀測性使它在曆法、藝術和神話等方面都有著重大的影響。

　　月亮的運行軌道接近黃道平面，它的自轉與公轉的週期是相同的。一開始，它以較快的速度旋轉，然後由於月亮和太陽引力對地球產生了潮汐摩擦，使其自轉速度減慢，所以它幾乎永遠以同一面朝向地球。我們稱月球朝向地球的一面為正面，而另一面則為背面或暗面。但是事實上，它的背面如同正面一樣，也會被照亮。

　　月亮圍繞地球旋轉的週期和女性的生理週期大致相同，因此敏感的人可能會留意到月亮對我們情緒的影響，尤其是對女性而言。每每在新月和滿月前後的幾天，很多人都能感

受到情緒的起伏。無論是好的情緒還是壞的情緒，都會被新月和滿月的力量所強化。

如果我們平時內在的情感常常表現為消極的情緒，那麼在新月和滿月時，我們會比平時更敏感、不安、焦慮、恐懼、擔憂，更容易被情緒所控制，甚至更容易失去理智。如果我們平時內在的情感表現得很積極，那麼在新月和滿月時，我們會比平時更有信心和安全感、更懂得感恩，也更容易發現愛與感動。

在英文中，「lunar 陰曆」衍生出「lunatic」一詞，lunatic 在拉丁文中的本意為「moon strike 月亮的侵襲」，它表示「隨著月亮的陰晴圓缺而發生精神錯亂。」在早期，人們用這個詞來直接指「瘋子」，而現在更多指「極端、愚蠢的人和精神錯亂者。」

因此，這可以作為一個我們檢驗自身心理和精神健康程度的方法。如果我們在新月或滿月前後，情緒容易出現較大的起伏，就說明我們沒有照顧好自己的身心健康。因為在新月和滿月前後，月亮會強化我們本身內在的一些問題或品質，無論好的，還是壞的，都會被強化。

也因此，如果我們將身心照顧得很周到，在那些特殊的時刻，就會感受到比平時更強大、更積極的能量。

月亮所表達的是情緒與需求，是自我的感受和需要。它反映了我們最隱秘的那個部分。

我們常常會為了應對日常，總是帶上某些面具，然而在面具背後，是我們內心深處最隱秘、最不為人知的真實情感，它反應著我們內在的自我——我們的一種態度。態度影

響著我們所做的每一個決定。一個正確的態度會影響我們做出正確的決定，而一個錯誤的態度，也可以影響我們做出錯誤的決定。

生活中我們看到太多人——太多聰明人，他們一切考慮都從邏輯出發，結果變成生活的失敗者。他們用邏輯衡量愛、衡量付出、衡量感情、衡量收穫……結果，他們就只能不斷地陷入不滿、厭惡、抱怨和嫌棄的惡性循環當中。這一切，都是由一個錯誤的態度開始的。

「很少有人會去思考，到底是什麼邏輯讓自己做出了一個特定的選擇？為什麼在以那些自己認為最好的方式行動之後，結果卻越來越不盡如人意，有時甚至達到了破壞自我的程度？！」占星師艾美・賀林曾這樣寫道。

事實上，絕大多數人，並不想真正改變現狀！比起現在所承受的痛苦，大多數人覺得去思考該如何改變現狀會讓他們更加痛苦。他們已經習慣了按照邏輯來生活，因為那對他們來講，是一種完全自動程式化的生活模式。

也許，我們正在按照這種完全自動程式化的生活模式生活——每天早上六點被鬧鐘叫醒、上廁所、洗漱，七點前必須吃完早餐出門，或拿著早餐邊走邊吃，到公司上班、工作、下班、吃飯、午休、上班、開會、工作、下班、吃飯、睡覺，這一天就結束了。如果我們如此循環往復，完全只按照邏輯生活，不體驗任何一絲感受和情感的話，那麼，每天早上的第一件事——起床，都將會是極其痛苦的一件事。

這種沒有任何體驗和感受的純邏輯生活，是我們想要追求的嗎？是我們所喜歡的嗎？它是有價值的嗎？這種生活值

得嗎？這些問題需要我們自己思考、自己回答，並自己做出選擇。

相信每一個經歷過青春期的人，都可能會有這種體驗和感受：每一天早起和去學校的動力，就是為了能見到那個讓自己心動的人。這就是有體驗和感受的生活，一切動力都來自於內在那種強烈的能量。

如果每天早晨醒來，我們第一眼看到家人安好，便心生感恩；看到陽光透過窗簾灑進房間，便心生喜悅；聽見鳥叫、看到藍天白雲就感到開心；聽到雨聲就心生寧靜……帶著這樣的心情，起床會變成一件開心的事情；帶著這樣的心情工作和生活，生活就會處處充滿美好。正是這些超越邏輯的感知，創造著真實而可靠的美好。

然而，很多人在遇到問題時，都會尋求解決問題的方法，但同一時間他們的頭腦又會本能的算計「這樣做真的有用嗎？這樣會不會浪費我很多時間？我究竟能不能得到我想要的？」

人們之所以會這樣做，其原因是不知道自己究竟想要什麼，一個不知道自己究竟想要什麼的人，就會這個也想要，那個也想要，最終內在的分裂和拉扯不可避免，伴隨而來的，就是痛苦、迷茫、擔憂、失望和恐懼。

生命是身、心、靈不同維度共同運作的過程，大腦只是其中的一個很好的工具。但是，一旦工具成了主人，那他將淪為一個奴隸——頭腦的奴隸。若一個人只憑藉理智前行，只把自己的選擇局限在那些大腦所能理解的選項裡，他就斷開了與生命的聯繫，與真實自我的聯繫，他就拋棄了那更

多、更好、更豐富的可能性。剩下的，就只有妥協。一旦妥協變成習慣，那他的人生也就只能如此這般了。

人生需要的，是智慧和真理。尤其是生命中那些最重要的人生抉擇。如果我們不願意跨越邏輯的局限，那麼，隨之而來的就是越來越多的問題、束縛、麻煩和痛苦。

月亮也代表陰性的力量，最初代表母親，它對一個人幼年的影響頗深。

我們出生星盤中月亮的位置，揭示了滋養我們的能量源自何處。我們可以從中讀出兒時我們內心的情感渴望是什麼，也可以順著那些線索找到成年後的情感需求是什麼，特別是當我們的需求沒有得到滿足時，我們究竟想要什麼。我們能夠通過月亮看到自己的傷痛來自何處，幫助自己療癒傷痛，以及學會原諒過去給我們造成傷害的人和事，整理好心情，重新邁向更好的人生。

就拿我自己來講，我的月亮落在處女座第九宮。這讓我想起母親曾對我講過的兩件事：

在我兩三歲的時候，我特別喜歡幫她洗東西，她在院子裡用大盆洗衣服，我就用小盆洗手帕，她說我小時候很懂事，有時候，自己就會拿一些小小的東西去洗。那個年代的肥皂鹼性很強，結果我的整個小手和胳膊都過敏，塗了一個月的藥膏才痊癒；第二件事也是在那個年紀，她說我自己每天都會安靜的坐在小板凳上，拿著鉛筆在紙上寫下一排排非常整齊的「火星文」。

我對這兩件事情都沒有記憶，但這卻是母親對我為數不多的表揚與肯定。

還有一件事情，大概是在我剛剛上幼稚園的年紀發生的。

　　有一次，父親帶我去買玩具，我並沒有挑選其他女孩喜歡的那些毛絨玩偶、布娃娃之類的玩具，而是選了一個帶發條的藍色小汽車。當時三四歲的我，已經學會一些羅馬數字了，而且我知道商品前面的數字代表價格，數字小的就意味著價格便宜。雖然我更喜歡另一個大一點的玩具車，可是那個貴一點，所以我最終還是選了藍色的那個小汽車。「父親能帶我去買玩具，我就已經很滿足了。」這就是我當時的想法，而且，我從小就有一種「父母工作賺錢不容易」的感覺，所以不捨得要太貴的玩具。

　　現在看來，處女座乾淨、整潔、秩序感、自我控制以及深刻的自省特質，早在我人生初期就已經開始顯現。然而，第九宮是一個與射手座相關的宮位，這是一個通過收集不熟悉的體驗來不斷拓展生命意識的領域，是一個發現、探索、學習、打破常規的領域；是一個認為在這無常的世界裡，如果有一種所謂的安定和安全感在阻擋探索的腳步，就必須要犧牲掉它們的領域。沒什麼能像去「探索」更能讓我精神抖擻的事情了，去體驗各種各樣自己從未體驗過的事是我最大的樂趣。

　　很多人都期望自己的生活或者旅行是一帆風順的，而我卻恰恰認為生活中出現的那些問題和困難，給了我一個從中收穫經驗的過程，而這個過程帶給我快樂和滿足。這種感覺是我植根於內心的快樂、踏實和安全感的來源。但在很多人的眼中，卻是「冒險」的事情。生活的本質，不正是透過體

驗未知來獲得成長與快樂的過程嗎？躲在舒適區的那種所謂的「安全感」，不過是一種虛假的「安全」與「快樂」。

可是，我無法掌控的人生初期的生活是極其僵化的。我不被允許做任何事情，這就意味著我不能有任何體驗，更不用說擴展了。因此，在還沒有形成成熟的人生觀的時候，我一直會常常極度深刻地反省自己——是不是因為自己不夠好，才導致父母的爭吵？是不是因為自己的原因，才導致母親的極端情緒？是不是因為自己⋯⋯

我本能地希望自己朝著自我完美的方向努力，但壓抑的家庭環境讓我不禁產生自我懷疑，這種黑暗的情緒讓我害怕做錯事，讓我無法成長，讓我窒息。

月亮在第九宮需要我學會跟隨自己的內心，而非按照別人所說的「正確」的方式做事。我的內心渴望的是經驗這個世界，是那種生命的經驗，是那種透過觀察和體驗尋找真理的過程。只有當我跟隨自己的心和直覺時，我才能比較容易地做出正確的選擇。當我選擇自己想要的，而不是依靠推理或者按照別人的意願去做事情時，我的生命經驗就會很踏實，我會感受到實實在在的安全感。

這種生命體驗，是擴張和改變的過程，可以滋養我們的內心，也會讓我們的生命更加精彩和豐富。

月亮的影響力不容忽視，它從無意識當中源源不斷地湧出並滋養我們的想像力，揭露我們內心的渴望和豐富，每一個都清晰而深刻。如果我們忽略了自己的月亮，就很容易成為一個黑暗中的心碎者。

如果我們能瞭解月亮對自身認知的重要性，就能利用它

來幫助自己。無論我們想有怎樣的改變，都可以利用潮汐的時間段來創造和提升自身的特質。我們可以借助它讓我們意識到邏輯思維觸及不到的維度。

一個完整的生命必然包含一切，雖然生命中邏輯和感知這兩個維度常常是對立的，但是一旦將這兩個對立面和諧運作，它將會給人帶來完整。正如 HATA 瑜伽中，HA 代表太陽，TA 代表月亮，當這兩個不同的維度共同和諧運作時，意味著生命的邏輯和超越邏輯的兩方面可以協調運作。

所以，靈性的成長，無論是透過瑜伽還是其他任何方式，都是讓一個生命變得完整的過程。因此，我們還需要點亮其他維度的火花。

我們的生命中所有美好的體驗，都是在不經意間無邏輯參與的情況下獲得的，比如愛和喜悅。想要觸及那些美好的體驗，我們就必須超越邏輯，這是唯一的方法。

如果我們已經遺忘了單純的快樂，那麼可以去看看嬰幼兒，看看他們的眼睛和臉龐，或者想想小時候的自己。

我曾經觀察過一場親子遊戲，遊戲中，一邊擺放的是一個完整的大塊棉花糖，而另一邊是幾個小塊棉花糖，遊戲測試孩子們會選擇哪一邊的棉花糖。

透過觀察，我發現，拿到完整大塊棉花糖的孩子很開心，拿到另一邊其中一小塊棉花糖的孩子也很開心。這說明年幼的孩子們之所以快樂，是因為他們本身就是快樂的，是因為他們的本心就是快樂的，他們不用大腦思考什麼是快樂，但快樂卻始終發生著。拿到一小塊棉花糖的孩子，並不認為另一邊的棉花糖比自己的大，他沒有這個概念，他只是

隨心選擇了自己喜歡的；而另一邊的孩子，也只是因為隨心選擇了自己想要的，所以同樣也很開心。

當孩子們隨心做出自己喜歡的選擇時，更有意思的事情出現了。孩子們的父母開始笑著討論起來──有的說：「你看我家孩子多傻，就拿那麼一小塊。」有的則說：「我家的也聰明不到哪裡去，不知道另一邊的棉花糖比較多。」還有的家長乾脆直接朝著孩子喊：「寶貝啊，你怎麼那麼傻，那邊多啊！」

這一類父母並不知道，自己做的最可怕的事情是「殺死」了孩子的感覺──孩子由然而生的開心和快樂的感覺！

事情往往就是這麼滑稽，被說成「天真、幼稚、傻」的孩子們，每天都充斥著無憂無慮的快樂，而那些看似聰明和精明的父母們，卻成天都被煩悶和惆悵壓抑著。

其實，年幼時的我們也曾經這樣快樂過，只是在不知不覺中，我們丟失了「自己」，甚至，我們連自己的「覺知」也一同丟失了。

美國華盛頓郵報曾評出十大人間奢侈品：

1、對生命的覺悟

2、一顆自由、喜悅與充滿愛的心

3、走遍天下的氣魄

4、回歸自然，有與大自然連接的能力

5、安穩而平和的睡眠

6、享受真正屬於自己的時間和空間

7、彼此深愛的靈魂伴侶

8、任何時候都有真正懂你的人

9、身體健康，內心富有

10、能感染並點燃他人的希望

在這十大奢侈品中，無一與我們每天拼命去追求的物質有關。

不同的人生選擇，造就不同的人生結果。越是想要驅樂避苦的人生，就越是痛苦的人生。只有那些能夠理解我們生來就是需要經驗人生的人，才能擁有完整的人生。因為他們能將所有這些酸甜苦辣鹹的經驗，視為人生賦予自己最豐富和寶貴的財富。

我們每個人來到這個世界，都只能做好一件事 —— 就是我們的天賦和使命。我們帶著天賦而來，透過人生使命讓生命成長和進化。

但可悲的是，大部分人都在埋沒自己的天賦活給別人看，做給別人看，證明給別人看。我們對自己所有的忽略、假裝和自欺欺人的謊言，總有一天，會讓我們付出更多慘痛的代價，無論是生理的，還是心理的。

靈魂永遠活在當下，因此，我們要隨時問自己：「此刻我最想做什麼？」這個答案不是來自大腦的，而是來自內在最深處、源自靈魂的答案。

頭腦最擅長二元對立的邏輯 —— 好壞、美醜、對錯、得失、善惡等等。它只關注和計較物質與得失。但靈魂經驗的是整體的合一，是過程，是經歷。對於靈魂而言，並無好壞、對錯之分。

萬事萬物的存在，並不是按照我們的二元對立思維來區分的。作為一個完整的生命，我們也無法簡單地只憑藉好

壞、對錯、美醜和善惡來加以區分它。每一個生命都是多維度、全方位的存在。我們所有人的靈魂，都來自於同一物質，也就是說，我們都擁有共同的古老靈魂。因此，我們是互為存在、無法分割的整體。

當我們能夠理解這種萬物合一的狀態時，我們才能與這個世界上的一切產生同理心，與萬物產生同理心時，才不會僅憑自己的喜好與偏見行事。

所有源自內在靈魂的聲音，都是希望我們做回真正的自己，那是充滿平靜、放鬆、自在、接納、信任、愛和喜悅的感受。而基於這些感受的選擇，就是最理想的選擇，最理想的選擇，意味著充滿一切可能性，既可以這樣，也可以那樣，這樣很好，那樣也不錯。

生命需要內在的感受和體驗，沒有了內在部分，人和機器沒有分別。而要讓超越理性的部分工作，我們就必須打開月亮的維度，去體驗、去感知，和有意識的創造出那些讓自己感覺良好的品質與能量。

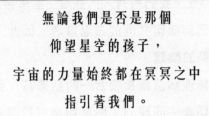

> 無論我們是否是那個
> 仰望星空的孩子，
> 宇宙的力量始終都在冥冥之中
> 指引著我們。

傾聽內在的聲音，是自我療癒的關鍵

從心理學角度講，一個人的童年生活是影響其人格的關鍵時期。

當一個孩子成長到四五歲的時候，他的大腦已經發展出了足夠的智力，但是卻還沒能發展出足夠令自己調整強烈情緒的能力，所以這個年齡段的孩子，常常會傾向於做出極端的反應。

比如，當一個孩子很想要一個遙控汽車，但是又得不到的時候，就會大哭大鬧。這個過程是孩子無意識狀態的表現——首先，他受到了外界的刺激，繼而表現出困惑，然後是求而不得的崩潰。

當孩子求而不得時，一方面，他會在本能的驅使下，把所有的注意力都放在如何才能獲得自己想要的事物上，並慢慢摸索出一套自己的應對策略，如果這個時候他的父母或家

人沒能給他一個正確的引導，那麼他很可能會發展出偏離真實自我的人格；另一方面，孩子客觀看待事物的能力，會被無法得到的那個東西，或「被剝奪」、「被失去」等巨大的核心恐懼所扭曲。因此，害怕和恐懼會時常伴隨著他。

當遇到強烈地情感需求，卻不知該如何滿足它時所做出的反應，正是「凱龍星」的心理指導意義所在。

在占星學中，凱龍星是一顆療癒之星。它是另一個揭示我們早期情感與心理創傷，並賦予我們治癒能力的星。這也許與它的神話來歷有關。

相傳，凱龍是海洋仙女菲雅拉 Philyra 和土星守護神克洛諾斯 Kronos 所生的半人半馬的孩子。克洛諾斯貪婪粗暴，而且好色，他常常四處留情，聲名狼藉。當克洛諾斯第一眼看到菲雅拉時，就被她所吸引，喚起了他無限的欲望。而菲雅拉並不喜歡克洛諾斯，所以，為了躲避克洛諾斯，菲雅拉不惜變成一匹母馬來躲避克洛諾斯的追逐。但克洛諾斯的欲望是不可阻擋的，他也立刻把自己變成一匹公馬來達到與菲雅拉纏綿的目的。接著，凱龍誕生了。看著眼前的這個「怪物」，菲雅拉非常害怕。於是，她懇求神把她變成其他的模樣，只要不是「怪物」的母親就好。而神也同情她的遭遇，於是就將她變成一棵菩提樹。

被母親拒絕，是凱龍生命中的第一個創傷，給凱龍早年的生活經歷帶來很深的傷害。

凱龍由太陽神阿波羅以及狩獵女神阿提米斯和眾神撫養長大，諸神給予他照料和撫養，並教他音樂、武術、騎馬、射箭、打獵、戰術、藥草、治療、倫理、音樂、宗教及自然

科學，並賦予他不死之身，讓他免受其他傷害。凱龍有人的智慧和馬的力量，他成長為一名智慧的教育者和治療者。

成年後的凱龍，被最愛的學生海克力斯浸泡了九頭蛇毒汁的箭誤傷了腿。但是因為他有不死之身，所以無法擺脫身體上持續的痛苦。受傷之後，凱龍一邊用眾神教給他的醫術減輕自己的痛苦，一邊將自己的生命完全投入到治療他人之中。他不只教授藥草治療，還教授開刀手術，不只救助人類，也救助動物。他因善良和智慧而聞名於世。這也是為什麼凱龍星又被稱為天醫星、天師星的緣故。

凱龍星象徵著傷痛療癒師，它洞悉人間所有的痛苦來源——受傷、心碎、悲傷等等。那些在出生星盤中，凱龍星佔據重要位置的人們，他們生命的主旋律也都和治病救人、成為優秀的教師及心靈導師有關。

通常，凱龍星會逐漸轉化成一種自我覺知的力量，也能幫助人們更好的瞭解自己。但在凱龍星受困的情況下，這種覺知力的發展會受限，因此會表現出武斷、剛愎自用、神經緊張卻不自知。

凱龍星還代表著直覺和超群的智慧，而這些能力只有在經歷不斷磨練的過程中才能被學習、感受和體悟到。

由於凱龍有不死之身，以致于他永遠無法結束毒箭給身體帶來的痛苦。最終，他決定用自己的生命換取為了人間盜取聖火而被宙斯懲罰的普羅米修斯的自由。

在那之前，普羅米修斯被鐵鍊捆綁於懸崖峭壁之上，每個白天，都有惡鷹啄食其肝臟，而他又擁有永生的力量，因此，每當夜晚，他的肝臟會再次生長出來，所以，他在每個

畫夜循環中都要經歷一次極為痛苦的折磨。宙斯說，如果有一位永生的神祇願意為了普羅米修斯而進入冥府（自願放棄永生），他就可以得到釋放。

當凱龍知道了普羅米修斯的事情之後，決定放棄自己的不死之身。

從某種程度來說，他的這一決定使得兩者都從痛苦中獲得了解脫。

天文學家布賴恩·瑪士登博士，稱凱龍星為「獨立之星」。因為任何典型的科學概念的界定都不適合它。

凱龍星是一般彗星大小的 100 倍，但又不像冥王星類的行星那麼大，它是一顆位於距小行星帶很遠的小行星，運行軌跡跨越了土星軌道一直延伸至天王星附近，長達 51 年，比普通小行星的軌道長得多，小行星軌道通常只有 4 年。凱龍星的軌道從可見行星跨越到不可見行星，這意味著它是我們已知世界和未知世界的橋樑，它是不同世界的連接點。

占星學家芭芭拉·漢德·克洛這樣描述：「凱龍星為土星與天王星之間的『彩虹橋』，是連結代表傳統、懷舊、固定、與已知的土星，與代表個性、改變、革新與未知的天王星的橋樑，也象徵著代表自我的內行星和代表自我改變的外行星；同時也是整合形而下物質的土星，和形而上精神的天王星；也是『較低自我』和『較高自我』之間搭起的橋樑，以及結合所有對宮的矛盾，像處女座與雙魚座。」

我們所有人在成長過程中，或多或少所受到的那些無法言說的傷痛，大部分都源自原生家庭。另一小部分來自其他成長階段所接觸到的人和事。那些傷痛就像一根根從心裡拔

掉的刺，雖然止住了血，但傷口還未痊癒。然而一個不經意，那些傷口便又開始流血、開始痛，好像被詛咒一樣永遠無法獲得解脫。

可是，我們是否曾想過，如果那些創傷並不是要來傷害我們的呢？如果它是在用自己的方式提醒我們，讓我們透過看清創傷的本質，並透過它讓自己更完整、更強大呢？

就在某天，我突然意識到了這個問題。我像發現新大陸一樣，清清楚楚地看到我早年所經歷的一切，都是為了今天的我而做的鋪墊。

上升射手座、中天處女座、凱龍星分別與土星和火星三分相、有一半的行星落在處女座的我，勢必要經歷人生早年的磨難。

凱龍星與土星所形成的所有相位，都預示著不可避免的挫折。在這種相位影響下出生的人，通常會因為幼年時期被冷落、拋棄或是被虐待，而不得不依靠自己的努力和掙扎，爭取屬於自己的生活。由於從小身處這種與權威之間的激烈衝突之中，因此也常常處於自我懷疑當中。這裡的權威，不只是我們所理解的字面意思，父母、兄長、老師、傳統、家教、文化等等都在其範疇之內。

上升在射手座，需要透過各種不同的生命體驗來建立個人身份感，讓我感覺到「我是我自己」。然而，在凱龍星與土星的相位影響下，我的童年是不堪的，我被困於家庭，受制于權威，伴隨著恐懼長大並缺乏自信，常常自我懷疑並缺乏存在感。對於一個「透明人」來講，也許離開這個世界才是最好的選擇，所以我小小年紀就已經有著無數次想離開這

個世界的念頭了。

　　通常不利的相位會導致一個人無法克服土星強大的壓力，要麼變成一個拒絕溝通的犬儒主義的犧牲品，要麼變成一個冷酷無情的惡人。但幸運的是，雖然挫折始終存在，但在我的星盤中，凱龍星與土星的相位良好。這也意味著，儘管挫折和痛苦的經歷不可避免，但我也仍有透過自身的努力，獲得令自己滿意的結果的能力。只是，我必須先經歷這個漫長而艱辛的過程。

　　土星守護處女座，我星盤中的一半行星都落在這裡。土星、火星、木星以及月亮全部聚集在處女座十宮，這是代表事業的宮位。它告訴我，只有當我通過土星嚴苛的考驗時，才能歷練出強大的信念，加上火星的行動力，以及跟隨內心月亮的渴望，將自己所熱愛的、所體驗的、所感知的，經過不斷地學習和完善，然後分享給所有需要的人時，我才能夠從中找到自我，也能從中獲得成長與快樂。這會讓我向自我完善的方向更加靠近，只有向著這個方向努力，我才能全身心的專注和投入，找到使命、成就感和喜悅。於是，才有了此刻正懷著感恩之心執筆的我。

　　凱龍星作為我星盤上的一顆孤星，將凱龍的特質瀰漫在整個星盤中。火星賦予了我直覺、能量和強大的行動力。年幼時所有不願提及的傷痛所帶給我的挑戰，終於磨練我的意志，讓我學會自我拯救。

　　一顆顯著的凱龍星暗示著強大的療癒能力，透過它與其他行星的相位和數量，可以看出一個人治療他人或自癒潛力的大小。當凱龍星與星盤中那些重要的軸點合相時，雖然

傷痛不可避免，但同時，它治療或自我療癒的能力也異常強大。

在很多熱愛和從事醫療救助、公益、慈善、教育事業以及生命導師的星盤中，凱龍星都發揮著深刻的影響。它所落入的宮位領域中所發生的危機，正反應出一個人是否具有認識靈魂的能力。

凱龍星與太陽、月亮、上升星座和月亮軸形成相位，或與任何其他行星形成合相，或凱龍星處於焦點位置、位於射手座或處女座，又或者大量行星落在射手座或處女座，以及事業宮和上升星座是處女座的人，都會感受到凱龍星對其極大的影響力。

凱龍星代表我們兒時內在的自我，是我們內心的靈魂導師。雖然凱龍星象徵著創傷，但並不意味著這種傷害帶來的只有壞的結果。相反，一個相位比較理想的凱龍星，反而是一種潛在的幸運，這完全取決於我們如何去看待它。

我前半生的大部分時間差不多都在痛苦、掙扎與尋找自我中度過，我也曾一度心灰意冷地認為在我身上不可能發生任何好的轉變。然而，凱龍星如此強大，它能強大到憑藉自己的信念和勇氣克服種種艱難，再加上木星一點點幸運的推波助瀾，最終，實現自我也就順理成章了。

占星只是一種手段，它會告訴我們將要面對的考驗、訓練與磨難。在這些歷練中，我們可能出現心靈的危機，也可能找到療癒的契機；它會幫助我們瞭解內在那個兒時無助的自我需要被關愛、被呵護、被接納；它會幫助我們瞭解內在的傷痕需要被看見，那些累積的痛楚需要被釋放；它會幫

助我們瞭解應該用什麼樣的方式讓自己走出困境，最終成為一個心智成熟和充滿喜樂的人。這是一條自我救贖和療癒之路。

　　無論我們是否是那個仰望星空的孩子，請相信，宇宙的力量始終都在冥冥之中指引著我們。

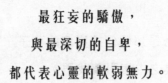

最狂妄的驕傲，
與最深切的自卑，
都代表心靈的軟弱無力。

逃避問題和痛苦，是心理疾病的根源

生而為人，我們從一出生就面臨著諸多的危險和不確定性。與其他哺乳類動物相比，人類剛出生時實在是太過脆弱，甚至不如有些動物，至少它們出生沒多久就能走、能飛、能跑、能跳，它們有保護自己的羽毛、爪牙、特殊的生存技能或厚重的皮毛，而人類，只能依賴于母親而存活。

僅從生存層面而言，作為人類的我們，就必須花費比其他哺乳動物多好幾年的時間去學習走、跑、跳，以及使自己處於安全的生存環境、躲避獵食者和狩獵等等的一些基本的生存能力。人類從一開始就從未對自己所處的環境有過100%的掌控權和安全感。所以才有需要更加進步和完善的渴望，而正是這種匱乏感和不堪一擊的、渺小的自卑感作為內在的源動力，驅使著人類不斷進步。

我們的祖先意識到僅憑個人的單打獨鬥，個體根本無法

存活下來。因此，他們接受了人類的這個不足，想辦法開始了群居生活和分工合作；接著，他們又意識到，自己並沒有其他動物的那些生存本領，於是依然接受了人類自身的這個不足，然後發明了捕獵工具，甚至提升了捕獵戰術，在提升自我能力的同時克服了與生俱來的自卑感。

人類意識到無法像鳥兒那樣飛翔，所以才有了滑翔機、飛機、翼服；人類意識到，人不可能像馬兒那樣既能攜帶很多東西，又能跑得那麼快，於是，發明了汽車……

這一切從無到有的發展過程，都源於人類對「自身不足」這一點產生了意識，願意承認它、正視它，並想辦法克服它。人類不斷地透過相互學習與合作來彌補這些不足，因為一個人太過渺小，無法獨自在這個世界上存活，人類必須依賴人類相互之間協作的力量，才能更好的生存，這是人類恆久不變的生存定律。

然而，在現實生活中，我們常常會見到這樣一些情形，比如：

有些人常常表現得高傲自大，事實上，他們只是想向外界證明自己的重要性，因為他們認為只有透過這種方式才能彰顯出自己的個性，並且不會讓別人看不起自己；也有些人常常好為人師，誇誇其談，表現得自以為是，事實上，他們只是想向外界證明自己的無所不知，因為他們認為只有透過這種方式才能顯示出自己比別人強；還有些人喜歡特意拔掉改裝車的消聲器，在鬧市區熙熙攘攘的人群中疾馳而過。事實上，他們在巨大的引擎轟鳴聲中得到的滿足感，和那些喜歡用誇張而俗氣的金銀珠寶裝飾自己的人想要表達的目的一

樣簡單而可憐——乞求路人或他人承認他的存在。

實際上，在正常人眼中，他們只是在做一些自我表演、自我欺騙和自我安慰的小把戲。然而，他們卻從不認為自己是自卑的，相反，他們甚至覺得自己在很多方面都比別人強並常常帶著優越感。他們自己對這一切都信以為真，並且一再地試圖透過這些行為來確認自己的存在感、價值感和重要性。

始終帶著這種虛假面具生活的人，就是一個具有自卑情結的人。這不同于正常人身上的自卑感，有自卑情結的人，或遲或早，都會與精神疾患不期而遇。

我們每個正常人的身上，或多或少都存在著一些自卑感。自卑並不是問題，它是人類源于嬰兒弱小的無助感所產生的普遍現象。我們可以透過正視這種自卑感，克服它，戰勝它，從而成為一個更強大的人。而那些具有自卑情結的人，他們試圖用一種凌駕於問題之上的方式去解決問題，這就好比他們打爛了一隻鋼鐵俠的公仔，卻向世界聲稱自己是最強大的人一樣。

具有自卑情結的人，往往會無意識地對自己的自卑感做出爭取優越感的補償行為，正如剛才所提到的那些行為，但那只不過是極少的一部分。他們所有為了爭取優越感而採取的補償行為，沒有一個是在真正地解決問題。他們將自身所有的能量都用於追求並不存在的虛假的自信或虛假的榮譽等等，其目的，就是為了掩飾自己的自卑感。

但是，無論他們怎樣欺騙自己，問題都依然存在，只要問題一天沒有得到真正的解決，自卑感就會一如既往的存

在。他們每一次自欺欺人的謊言和把戲都只能強調他們的自卑，最後問題會越積越多，壓力會越來越大，自卑感也只會越來越強。因為他們始終都在將自己從人類的背景中脫離出來，一再從各個方面標榜自己的個性、自己的重要性、自己的能力、自己的價值……在他們的思維方式裡，他們似乎是可以脫離整個世界而獨自存在的人。

這種脫離世界和人類的自我孤立，正是心理疾病的根源。

沒有人可以脫離世界和人類獨自生存，失去了人與人之間的聯繫與合作，一個單獨的個體沒有任何價值可言。

每個人都在童年的成長過程中逐步建立起身、心、靈統一的基礎。在這個階段，孩子將自己遺傳得來的能力以及從周圍環境中得到的感受與感悟加以消化、理解、調整，以此來獲得應對世界的方式。然而，每個孩子的個性和生命目標都是從黑暗中摸索出來的，這些所謂的「生存經驗」都是依靠他們自己所經歷的那些還無法完全理解的感受，以及他們從中拼湊出來的理解而得出的，所以既狹隘又有限。如果在此階段，孩子的父母或監護人沒有意識到孩子在性格上的偏離，或沒有及時給予孩子正確的引導，那麼孩子很可能就會走向極端——透過摸索和猜測找到自己的優越目標。

比如，有兩個孩子的家庭，若父母對其中一個孩子比較偏愛，那另一個孩子就很可能會通過各種辦法試圖將父母的注意力引向自己身上，他可能會透過打架、偷東西、闖禍這些負面的行為，也可能會表現得比受寵的孩子更懂事，或者其他任何他能想到的方式來達到目的，但無論如何，他的目

標就是要贏得父母的關注，而不是讓自己成為一個真正有能力和可以為他人和社會做出貢獻的優秀的人。

　　一旦一個孩子用偏離真實自我的目標來代替真正的人生目標時，那麼他今後所有的行為都將向著如何贏得別人關注的方向發展。在成年後，他們很可能會表現得和正常人一樣都在忙於獲得充實感，但實際上，他們早已放棄了改善自身處境的努力，取而代之的是一種虛假的努力。

　　這些人的內心自卑而脆弱，因此，他們想透過創造一些能令自己感覺到優秀或強大的事情來讓自己變得重要、優秀和強大。可是，他們卻不知道，沒有人可以透過打敗一個幻想中的敵人而變得真正強大。真正的強大，必須透過勇敢地正視問題並跨越人生障礙而獲得，必須透過學習和實際行動來改變。

　　但是，具有自卑情結的人，從幼年開始就已經失去了這種面對問題的信心和勇氣，他們不知道還有其他正確的方法，也沒有人引導他們知道。於是，他們就只能憑藉四五歲之前形成的對世界的狹隘認知來處理問題。

　　在我們周圍，這種例子比比皆是：應付不了職場問題的男人，很可能常常在家裡大發雷霆；無法處理好自己生活的母親，很可能對孩子有極強的控制欲。每當問題出現時，他們總是無法恰當地適應和應對，但卻堅信一定有辦法解決，而這個辦法就是──凌駕於問題之上。

　　他們不再去思考如何才能真正解決問題，而是說服或強迫自己憑空產生優越感。這個辦法看似聰明，似乎也能暫時緩解自卑，但是，它終究是一種自我欺騙。他們的目的，不

是「該如何讓自己成功？」而是「不要讓自己失敗。」一旦出於這個目的，他們所有的行為都會與之相匹配。繼而影響他們的成長、人生、家庭以及孩子。

他們從小就已經習慣於把所有的精力都花費在偏離解決實際問題的、毫無意義的目標上，並將這個習慣一直持續到成年以後。漸漸地，他們就變成了一部為達成目標而達成目標的機器。

一個人在年幼時形成的應對世界的經驗，很可能將他帶入一個偏離解決實際問題的歧途，讓他自以為自己是在解決問題，而實際上，他只是在逃避真正的問題，製造更多的問題、麻煩和困擾。

心理學家阿德勒說：「我們對生命意義的勾勒、對目標的追求、我們的行事風格以及情感傾向，在六歲之前，就已形成，這就是我們的個性。這些在日後可能會被改變，但前提是，必須能夠擺脫童年時形成的錯誤觀點的桎梏。否則，我們終其一生，都只能活在自欺欺人的謊言裡。」

我們要讓自己，讓我們的孩子認識到：人生的問題和痛苦具有非凡的價值，唯有勇敢地承擔起成長的責任，敢於正視問題，勇於面對問題，我們的心靈才會變得健康。否則，就會如阿德勒所說：「我們就只能是一個生活在虛幻世界裡的虛假勇士，我們只能欺騙自己說戰勝了問題的影子就等於戰勝了問題本身，我們感到自己彷彿屹立於世界之巔，但卻飽受著心靈之苦。」

> 如果你在生活中感受到了煩惱，
> 那是因為你的思維方式出現了問題。

06

如何應對焦慮

焦慮，並不是現代人的專屬名詞。

人類作為地球的一個物種，從嬰兒時代開始，就面臨著不同程度的焦慮。這是一個弱小的個體因無法掌控環境、無法獲得安全感而產生的感受。

遠古人類最大的焦慮來自于對生存的擔憂，一是食物，二是惡劣的自然環境（包括突如其來的攻擊），這兩個方面在極大程度上威脅著人類的生存和繁衍。

這種焦慮，更多的是一種對外在生存因素未知的恐懼，它是對特定的人（比如其他部落來攻擊的人）、特定的事（比如沒有吃的食物）、特定的物（比如大型攻擊者）的擔心、不適和惶恐。

然而，在物質基礎幾乎達到頂峰的現代社會，在絕大部分人類已經完全不用擔心生存問題的情況下，焦慮感卻變得

日益嚴重。

如今每一天，我們所獲得的信息量都是過去的成千上萬倍，商業廣告、娛樂媒體、社交軟件……大量的碎片化資訊隨時隨地充斥著我們的眼球和大腦。

然而，這些碎片化的資訊，能給我們帶來時效性長、實用性高的作用並不大，它除了隨時隨地分散我們的注意力之外，往往還成了我們難以戒掉的癮，這反而又徒增了焦慮感。

有人說：「這是一個販賣焦慮的時代。」我對此表示認同。現代社會人類的焦慮已經超出了對外界生存環境的恐懼，它更多的是來自於我們自身的欲望。而所有的欲望，都通過對比而來。

焦慮透過心理、生理和行為三個不同的方面影響著我們。

首先，是心理層面。

我們從孩子開始探討。作為一個孩子，他的天性就是玩，從親近大自然中學會認識這個世界，認識生活。大自然是最好的老師，它教會了人類祖先所有生存的技能，讓他們瞭解到生活的本質。

然而，今天的我們，總是喜歡凌駕於生活之上談論生活。我們表現得無所不知，自認為聰明絕頂，以為可以掌控一切。於是，不僅要用聰明的頭腦給自己鋪好未來的路，還要替孩子鋪好他未來的路，因為這意味著明智之舉。

當我們看到其他孩子的成績比自己的孩子優秀時，焦慮產生了。由於我們想讓自己的孩子成為那個第一，成為我們的驕傲，成為我們未能完成的心願的繼續，因此，我們開始

干涉孩子的成長。我們要求他、限制他、敦促他要拿「好成績」。事實上，這是我們將自己的欲望強加于孩子身上的表現，但我們卻矢口否認，打著「為了孩子好」的冠冕堂皇的理由謀取私利。這意味著干預生命。更何況，我們如何能如此篤定孩子只要按照我們所說的去做，就一定會得到好的結果？我們怎麼能扮演知曉一切未知的上帝？這不是赤裸裸的自我欺騙嗎？

當孩子擔心如果自己的成績不好，就得不到父母的愛或不被老師喜歡時，焦慮便蔓延到了他們身上。

我們每個人都需要仔細思考這樣一個問題——我們追求一切的目的是為了什麼？不正是為了快樂嗎？然而，我們正在做著什麼？——抹殺真正的快樂！

我們愚蠢地、瘋狂地追求著虛幻的東西，然後再用追求來的那些虛幻的東西換取快樂。這正是我們大多數人目前正在做的事情。

我們抹殺孩子的快樂，一旦一個孩子和我們一樣，具有了競爭意識，焦慮便會伴隨他的一生。從他想要比別人的成績好開始，他的一生都將會在跟別人的對比和競爭中度過。這意味著他遠離了天性，加入了殘酷地排他和競爭中，只有戰勝他人，他才會認為自己是那個最好的。在競爭、排他和戰爭的過程中，愛便蕩然無存了。

即使孩子很「幸運」的成為了那個所謂的「最好」，他的焦慮也依然絲毫不會減少，甚至會更焦慮。因為他還需要保持那個「最好」，所以他還是要隨時警惕、排他、處於競爭狀態。從此以後，他就很難再感受到真正的快樂了。隨著

成長，他要求自己的工作能力要比別人強，錢要比別人多，職位要比別人高，房子要比別人家更大，他的孩子要比別人的孩子更優秀……於是，一個新的輪迴開始了。

這就是為何我們大部分人都不懂得什麼是真正的愛的原因。在對比、欲望和競爭中，會滋生出野心。一個人一旦有了野心，他一生都會在欲望的驅使下成為欲望的囚徒。在滿足欲望的前提下，無愛可言。

也許有人會問：「那難道我們就什麼都不做了嗎？什麼都不追求、什麼都不要了嗎？」

當然不是。我們每個人都有自己所熱愛的東西，我們每個人都帶著自己的天賦而來。只要我們自己（或我們幫助孩子）找到最熱愛的東西，並全身心地投入其中，就一定會有所成就。而這個成就，並不是我們現在所認為的衡量成就的那個標準。

我們自己把工作分成了三六九等，爭相去競爭那個看似有光環的、輕鬆的、多金的、能讓別人羨慕的工作。但是我們不知道，工作，是從原始人類分工合作中產生的，部落中的每個人發揮自己的特長所做的事情，就是工作。它並不是我們今天所說的用勞動換取報酬所從事的事情，而是生命在這個地球上自發自動的一種愛的表現。

真正的工作沒有三六九等之分，試想一下，如果人人都從事統一的工作，這個世界會變成什麼樣子？誰來種地，誰來研究農業、畜牧業、誰來研究生態，沒有了一切生存的基礎，人類也就不復存在了。

只有每個人都帶著自己的興趣和熱情，才能全然投入自

己真正熱愛的工作當中。而這個工作，就是我們每個人的使命。這個工作，永遠不會「被退休」，它是我們可以從事一生的事業。

有人愛農業、有人愛動物、有人愛音樂、有人愛文學、有人愛體育、有人愛公益……只有建立在此基礎上的社會，才是多樣性的、美好與和諧的社會。

有的孩子帶著擅長體育的天賦而來，而父母卻非要讓他變成物理天才；有的孩子就是擅長手工，父母卻非要讓他鍛煉口才。父母總是打著「不這樣不行」的藉口，摧毀了一個又一個鮮活的生命。為什麼「不這樣不行？」那是因為這些父母從小就沒有找到過自己真正熱愛的東西，他們早已遠離了生命的本質，淪為被設置好的、統一的「機器」，過著僵化的生活。因為他們的生活是僵化的，所以他們才恐懼變化和未來，才試圖掌控未來。

如今，他們又要親手將自己的孩子變成他們的複製品，僅僅因為他們無法接受現實，無法坦然面對真實的生活；僅僅因為他們期待孩子能滿足他們的欲望；僅僅因為他們自身的焦慮。

這些父母可能從未想過，流水線上的產品很容易被淘汰。而一個擁有獨立個性的生命，則是永遠無法被他人所取代的。

那些經常表現得吹毛求疵、對孩子有各種各樣的限制和要求的父母們，恰恰說明他們自身對外界過分的敏感和謹慎，他們在情感上缺乏安全感，對情感依賴，他們正處於焦慮之中。同時，他們也會不自覺地將這份焦慮傳遞給孩子。

而那些長期累積得不到釋放的壓力，又將導致更為嚴重的焦慮。

　　曾看到一位希臘的朋友在社交網路上發佈的老師留給孩子的暑假作業，內容如下：

　　1、休息

　　2、多玩

　　3、像海豚一樣游泳

　　4、在冰淇淋計數中獲勝

　　5、躺在沙灘上數星星

　　6、抓住每一個機會微笑

　　7、結交新朋友

　　8、做一些新的嘗試

　　9、記錄自己的新目標

　　10、多說一句：「謝謝你，對不起，我愛你。」我們最重要的職責是愛自己，所以記得愛自己，照顧好自己。謝謝你為我做的一切！

　　如此符合天性和人性的暑假作業，我想不用父母敦促，孩子們也一定能完成得很棒！

　　我們大部分人，都很擅長表達「恨」，對「恨」宣洩得淋漓盡致，卻對愛的表達如此吝嗇、不善言辭。我以前常常會思考這是為什麼，後來我才意識到，這並不僅僅是表達的問題，而是我們從小就沒有愛，我們根本不知道什麼是愛。

　　我們同在這個藍色星球上生活，但卻把自己和世界隔離開來。我們從小學會了對立，我們的思維越來越狹隘，我們以為自己所做的一切都是正確的。

我們不僅跟外在的一切對比，也在內在不斷地進行對比，「我不行、我不好、我沒用」等等。對真實自我的排斥，和急於對外界的掌控而形成的衝突，就是所有的心理、精神疾病的源頭。從追求理想化的自我開始，一個人就已經開始遠離真正的自我。一個人，離真實的自我越遠，他就越接近於瘋狂。

如此一來，所有的人、事、物——孩子、家人、教育、安全、生活、健康等等所有方面都會讓我們產生廣泛性的焦慮。一切都有可能成為焦慮的源頭。然後我們急於擺脫這種狀況，可是，它卻讓我們像在沼澤中一樣，越掙扎，越沉淪。

但是，如果我們能夠保持一個開放的心態，我們就會發現，生活並不是那麼狹隘的只涉及吃飯、上學、工作、睡覺的事情，生活有很多我們還未曾涉及到的輕鬆、自然、快樂、愉悅的層面。

其次是生理問題。

如果心理問題沒能及時得到解決，生理就會出現一些相應的症狀：例如失眠、腸胃功能紊亂、頭昏頭痛、心慌、胸悶、嘔吐、虛弱沒胃口等等。通常，焦慮症患者都會伴隨抑鬱，抑鬱症患者也會伴隨著焦慮。

從醫學角度來講，所有的疾病（心理、生理）都是遺傳基因與環境互動造成生理上器質結構的惡性變化的結果。也就是說：遺傳基因＋環境——導致結構變化——產生症狀。

比如：關於吸煙會得肺癌的問題。

在醫學上，基因通常會被命名。假如一位攜帶 15924 Susceptibility Locus 遺傳基因的人，如果在吸煙的環境下，

器官細胞就會變異，產生結構性變化，於是就會患上肺癌，這是我們能看到的症狀。

再比如，一位攜帶 Apol 基因的人，如果經常吃高油脂的食物（環境），就會產生三高（結構發生變化），最終導致腦溢血（症狀）。

目前人類大概發現了兩萬個基因。我們的基因一半遺傳自父親，一半遺傳自母親。其中，羥色氨酸啟動體基因是細胞傳遞資訊的介體，它影響情緒。5 HTTPLPR 羥色氨運輸基因啟動體分為長啟動體和短啟動體，它影響我們承受壓力的能力。

如果來自父母雙方遺傳的啟動體都是長啟動體，那麼個體承受壓力的能力就強，患焦慮抑鬱的可能性就會大大降低，反之，抗壓能力就弱，患病率會更高。

可以說，我們遺傳的是基因，而並非疾病本身。並不是攜帶某些疾病基因的人，就一定會得某種疾病。但是，如果他所攜帶的基因一旦被環境所觸發，就會誘導生理上器質性的變化，導致某類疾病的發生。

那麼，在無法避免的環境因素下，要解決焦慮抑鬱，我們就必須從心理、行為、生理層面同時出發，從改變固有思維、消除回避行為、減少生理反應三個方面入手。

人類向來是驅樂避苦的生物，它使我們習慣於本能地、不加思考地逃避痛苦。

儘管我們常常說自己在跟焦慮抑鬱戰鬥，說自己怎樣努力，怎樣堅持，但是我們沒有意識到，我們所謂的努力和堅持，只不過是想讓自己獲得另一種暫時性的掌控權，這是自

欺欺人的謊言，是在回避真正的問題，它遲早還是會以另一種方式再次出現。

真正想要解決問題的人，會勇敢地面對和接受真實的自我。

人類大腦最初的第一任務就是保護自己，遇到危險，做出要麼對抗要麼逃跑的反應。然而，在沒有了生存威脅的今天，大腦更多的是習慣了用最簡單、最舒服、最易行的逃避方式來「保護」自己。可是，這種應對問題的方式對我們毫無益處。我們都知道逃避解決不了任何問題，我們可以暫時不理會它，但終究有一天，它會變成更加難以解決的問題回來找我們。因此，最明智的做法，就是勇敢地正視它、面對它、解決它。

所謂勇敢，並不是無所畏懼。而是我們明知道自己害怕，卻仍然敢於面對。我們要去瞭解焦慮和恐懼，而不是去抗拒和排斥它。想要瞭解它，必須先靠近它，觀察它。對於這樣一個時刻真誠提醒自己的「朋友」，我們要對它表示感謝，我們要對它說「謝謝你對我的提醒，讓我明白自己一直在逃避的問題，讓我終於有機會看到未來更多的可能性。」

其實，我們恐懼的，是恐懼本身；我們焦慮的，是焦慮本身。只有當我們真正面對問題的本質時，才會發現，原來我們害怕面對的那個問題，一點都不可怕。因為，我們自己，就是那個問題。

放鬆身心是最重要的！因為一個完全放鬆的身體，精神是不會焦慮的。

1929 年，艾德蒙·雅各森醫生研究發現，我們無需去應

對精神,只需要讓全身的肌肉徹底放鬆。

其實,早在幾千年前,智者就早已發現我們的身體以及宇宙的秘密。印度古老的克利亞瑜伽(Kriya Yoga)就是教導我們透過呼吸的方式來打開生命流的感官,將全身的生命流導向中心。透過這樣的練習,讓宇宙為身體充電,讓我們感到精力充沛、精神愉悅、合諧、平靜。

我們是否思考過這樣一個問題:「精神上的緊張和焦慮是從哪兒來的呢?」是我們住的地方不安全嗎?我們的生命受到危脅了嗎?外面兵荒馬亂嗎?都沒有!那為什麼會精神緊張和焦慮呢?──源自於頭腦中的想像!

每一位焦慮症患者,都更像一位災難片的導演。他們在腦海中想像出各種讓自己焦慮和緊張的畫面、情景與對話。不僅如此,他們越焦慮劇情就越精彩,以至於連自己都無法從劇情中抽離出來。

可是,既然那些都是對未來的一些想法和猜測,那就意味著它是假的,不存在的。既然它們是想像出來的,那如果從現在開始,我們訓練自己從災難片導演轉為生活劇情片導演,會怎樣呢?不妨試試看!我們不用刻意去製造什麼喜劇,因為真實的生活沒那麼多喜劇,我們只要觀察當下就好,我們只要感受當下的美好與善意,那麼一部溫情、平靜、美好的「電影」就產生了。

我們之所以一直是一部災難片的「導演」,是因為長久以來,我們固定、局限和僵化的思維模式作用的結果。但沒關係,大腦最大的優點就在於它的神經可塑性。既然我們可以想像出緊張、焦慮、恐怖的畫面,我們也可以訓練自己想

像出輕鬆、平靜、美好的畫面。

忘了是誰說過：「如果你在生活中感受到了煩惱，那是因為你的思維方式出現了問題。」

現代人絕大多數的慢性疾病，都是因為身體內在僵硬緊張，且得不到充分的放鬆所引起的。想想我們的祖先每天為了生存要消耗多少能量？而現在的我們，每天透過食物攝取極高的能量，但運動量卻是人類有史以來最低的狀態。身體需要正常的消耗和代謝，也需要正確的使用，就像機器一樣，一部長久不用或隨意使用的機器，總會出現問題。

我們需要在平時就多加進行冥想練習，這樣在情緒出現的時候，才能讓自己有意識地調整呼吸，只有先讓自己平靜下來，我們才有可能去深入地觀察自己的思維過程。

這個簡單有效的方式不受任何時間和空間的限制，我們可以隨時隨地的進行練習，哪怕只有幾分鐘，都能讓身體立刻發生改變。一旦我們有意識地呼吸和放鬆，神經系統就會認為「我是安全的、我是放鬆的」。當身體收到安全和放鬆的信息時，它就不會緊張，我們的感受也會馬上變得不同，會感覺很安全，很平靜，很放鬆。

呼吸是一種既簡單又有效、並且非常強大的工具，它不僅能夠幫助我們打破過度應激反應的惡性循環，還能讓我們隨著對它的掌握，慢慢地擺脫生理性的疼痛和心理上的痛苦。它是生命賦予我們最好的、豪無副作用的免費止痛劑。

科學研究證明，關注身心健康最好的方式之一，就是進行瑜伽冥想練習。瑜伽是目前已知的、具有完整科學體系的身心療癒方式之一。它不僅能夠教會我們如何靜心，如何

通過呼吸讓內在能量流動起來，使我們的神經系統、內分泌系統和免疫系統相互作用，從而改變身體上的痛苦，除此之外，冥想練習還能夠幫助我們學會內觀自己，聆聽自己身體和內心的需要，從恐懼、悲傷、沮喪、憤怒中走出來，達到身心的平衡與健康。

我們常說「江山易改，本性難移。」但是，既然神經系統具有能夠形成「應激反應」的可塑性，那麼，它自然也可以學會如何變得不那麼敏感和反應過度，這就是大腦的可塑性。透過大腦神經元的重建，考慮問題的方式就會改變，接著行為模式也會改變，繼而一個人的性格也就隨之改變。

真正的健康，是身與心共同演繹的協奏曲，真正的快樂，是內在持續的平靜與喜悅。

所有的改變都是從內在開始發生的，是在體驗中感知的。如果我們學會善用心理和身體每一次給我們的提醒，重新梳理自己的思維方式，那便是最高的智慧，這是生命給予我們最寶貴的禮物。

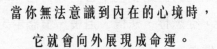

當你無法意識到內在的心境時，
它就會向外展現成命運。

面對突如其來的情緒該怎麼辦

我們是否意識到，自己所有的情緒，都是基於對外界的事、物、人或對內在的記憶、想法和感受而來的？

如果對「我」而言，所有的事、物、人（一切）都是我認為對的，好的，舒心的，有益的……我就會開心；而當所有的事、物、人（一切）都是我認為錯的，壞的，鬧心的，無益的……我就會生氣。

可是，所有的對與錯、好與壞都是我們自己的主觀判斷，它們都只不過是我們根據自己的喜好和標準給一個客觀的事物安上的標籤罷了。但客觀事物就是一個客觀的存在，它本身並無好壞、對錯之分。

就像很多人會對暴雨連連的天氣心生抱怨，覺得暴雨給自己的出行造成了不便。但是，暴雨過後空氣涼爽清新，不也正是我們所期待的嗎？

那麼，在這種情況下，我們如何來評判這雨究竟是「好」還是「壞」呢？我們怎麼能讓天氣既不影響我們上下班，又讓它變得涼爽清新呢？這是我們能做到的嗎？顯然，我們不能。既然我們無法做到，那我們不妨直接面對客觀事物本身，只觀察自己對客觀事物的覺知，然後告訴自己「這只不過是一場雨」就好。

　　任何事物都具有兩面性，如果我們只看事物其中的一面，或者我們只願意選擇看其中的一面——即我們喜歡或不喜歡的那一面，我們就是在把自己逼進狹隘的死角，我們自己就是矛盾的製造者。

　　我們所有的喜惡、對錯感是從何而來的呢？

　　我們從一出生開始，就不斷地透過感官和感知收集外界的資訊，所有我們收集到的資訊，大腦都會進行分析、歸類和存儲，記憶便產生了。記憶庫的資料就是我們在日後需要做出反應時，大腦提取、比對、分析和做出判斷的依據。

　　紀錄片《三摩地》這樣描述：

　　「記憶和意識，就像一個螺旋狀不斷攀升的階梯，有無數層級。當我們的直覺認同了某種意識或自我建構時，它就會讓我們陷入這種思維模式矩陣下的制約。我們能意識到自我的某一些方面，但實際上，那些無意識的原始的生存恐懼，才是真正驅動整個矩陣運轉的源頭。我們在內心深處無意識地成為了那些渴望或厭惡的感受和情緒的奴隸，這些感受控制著我們如何選擇。這個過程，就是我們無意識構建自我的過程。自我構建只不過是一種無意識地重複的衝動，我們的精神一旦選擇了某條路，就會不斷去重複那條路，不管

它對我們的機體是有利還是有害！」

所有這一切應對模式，都是帶有個人主觀偏見和局限性的，更何況人類的記憶也不那麼可靠。所有那些我們腦海中長久以來形成的非黑即白，非此即彼的二元對立思維，正是我們自動機械化應對事物的反應，正是這些自動機械化的反應模式，給我們的日常生活製造了很多的矛盾、麻煩與痛苦。

因此，當一個情緒產生時，我們要學會問自己，這個情緒究竟是什麼？是愉快還是惱火，是喜悅還是憤怒？為什麼愉快和喜悅？是因為我認同了什麼嗎？又為什麼惱火和憤怒？是因為我在排斥什麼嗎？我為什麼會認同或排斥呢？

我們都知道，人的大腦會透過對外部世界的感知產生一個印象、回憶、幻想或聯想，大腦透過分析和處理這些印象、回憶或聯想，並從以往的「記憶庫」中提取「資料」並做出以下三種分析——

第一種反應是認同的、吸引的，感覺是愉悅的。這是正面的反應結果；

第二種反應是否定的、排斥的，感覺是生氣的。這是負面的反應結果；

第三種反應是沒什麼感覺，也就是平靜的。這是中性的反應結果。

在這三種反應結果下，相應的念頭或想法就此產生——愉悅的感覺讓我們產生喜歡的想法和情緒；生氣的感覺讓我們產生討厭的想法和情緒；在平靜和無感的反應下，我們沒有任何想法和情緒。繼而，喜歡的想法讓我們產生想要和靠

近的行為；討厭的想法讓我們產生不想要和逃避的行為；沒有任何想法的情況下，我們就不會有任何行動。

外界刺激催生出感知 —— 感知喚起大腦 CPU 的評估分析 —— 分析得出條件反射的機械性反應 —— 反應激起想法和情緒 —— 想法和情緒催生出行動，這就是我們的認知行為過程。

然而，念頭（想法）本應該是一個當生即滅的過程。

比如，你還記得一周前你和別人聊起吃飯的情景嗎？

別人問你吃什麼？你產生一個念頭說吃火鍋吧。別人說大夏天的，吃火鍋容易上火，不如吃點清淡的砂鍋粥吧。於是你們去吃了砂鍋粥。可能在你們去吃砂鍋粥的時候，你關於火鍋的念頭就已經消失了。這就是念頭本來就該有的樣子 —— 當生即滅。

但是問題來了，為什麼有些念頭不但沒有當生即滅，反而一直在腦海裡揮之不去呢？

透過前面的分析，我們知道，只有在大腦判斷出中性結果的時候，我們就不會產生任何感覺，念頭馬上就會消失；但是，如果大腦判斷出的結果是正向或負向的，也就是說，如果念頭讓我們出現了「愉悅」或「生氣」的反應時，大腦就會根據我們的念頭，再次以這個念頭為基礎進行關聯，對這個念頭本身加以思考、想像或回憶。請注意！此時，我們思考、想像或回憶的，就再也不是那個原本的事物本身了。

再次以上面的例子為例，當朋友提議吃砂鍋粥的時候，如果你覺得無所謂吃什麼都行時，大腦產生的就是中性情緒，所以你關於吃火鍋的念頭會就此消失。但是，假如朋友

的提議讓你產生了不喜歡的念頭，你的腦袋就會開始進一步關聯思考、回憶並結合想像。你可能會想：「不至於吧，照你這樣說，整個夏天火鍋店豈不是都該關門了？」又或者，「我上個月還吃了兩三次火鍋呢，也沒上火啊！」還或者，「上次我提議吃火鍋，你就說火鍋容易上火，不想吃就直說嘛，還非要讓別人覺得你在為大家考慮。」

如果你以為念頭會就此結束，那就太不瞭解自己的頭腦了！

一個念頭可以衍生出印象、回憶、幻想和聯想，而印象、回憶、幻想和聯想分別又會衍生出各自的印象、回憶、幻想和聯想……它們是以幾何倍數不斷遞增的。於是，一個當生即滅的念頭，就這樣被持續延續著……除非你停止它。

不只是外在的人或事物，我們內在的感受也同樣會讓我們產生想法或念頭，所有那些喜惡的念頭，就成了我們現在腦海中一直喋喋不休的現狀。

當念頭沒有當生即滅，開始產生第一次關聯的時候，我們腦海中反應出來的就已經不是事實本身了，理解這一點至關重要！

我們一直以為我們在單純、客觀地思考人或事物本身，但其實不然，事實上，從第一次關聯念頭開始，我們就是在對那個事物產生的反應作出反應，然後不斷地對反應進行着反應……我們就再也沒有和任何事物發生過真正的聯繫了。我們就這樣糾結在自己編織的幻象裡，作繭自縛。

看看類似的情況是不是頻繁地發生在我們自己身上？

1、另一半最近總是不按時下班，回家後也沉默不語（事

實）—— 難道是有外遇了？（念頭，大腦分析產生負向結果，生氣的感覺）—— 質問或無理取鬧（想法產生的行動）。更嚴重的在後面，越想越生氣（關聯念頭）—— 不知道背著我做了多少見不得人的事（基於被關聯的念頭產生的幻想、想像）—— 一定要弄個清楚（基於被關聯的念頭產生的行為）……

2、下雨天沒帶傘，站在街邊等雨停，此時過來一位路人願意借傘給我（事實）—— 他會不會喜歡我？（念頭，大腦分析產生正向結果，愉悅的感覺）—— 願意和他打同一把傘回家（想法產生的行動）。

事實上，我們每天、每時、每刻都在經歷這一切，那些我們認同的、喜歡的、好的；不認同的、討厭的、壞的……無論我們認同也好，排斥也罷，我們總能根據念頭找到一系列的證據加以佐證，然後告訴自己那就是事實。這是最大的自欺欺人。

如果我們本著實事求是的精神，對另一半多一些關懷，問問對方回家晚是因為工作太忙，還是因為壓力太大，是不是兩人之間的溝通出了問題，還是因為其他的一些原因，我們就能就事論事地解決當前的問題，而不是想當然地去尋找各種所謂的證據，去證明自己的猜測是對的，那無疑是在給自己製造災難；如果我們只是對陌生人的善意表示感激，就不會胡思亂想地去猜測一些結果，導致要麼因對方離開時並未留下任何聯繫方式而失落，要麼自我攻擊自己的自作多情。

當然，以上兩個例子也會有出現其他結果的可能，但

那不是我們現在討論的方向，我們在此討論的重點是認知行為。

如果我們可以有意識地跳出來，以一個觀察者的身份，觀察自己的認知過程，就一定會讓自己大吃一驚。這種跳出來觀察自己的能力，就是自我覺知。

我們都認為自己具備自省和反思的能力。但是，通常我們的自省都基於自己原本的邏輯、認知、感受、判斷和理解之上，顯然，這種自省都帶有局限性。如果我們自省的前提沒有建立在擴大對生命本質的認知和理解之上，那麼，每一次的自省，都只不過是在強化固有和僵化的腦神經回路。大部分時候，我們並沒有覺察到這一點。

生活中，我們往往容易只認一個死理，抓著它不放，並把這種行為美化為「有堅持」、「有毅力」、「有經驗」或「有原則」等等。但事實上，這種「執著」只會讓我們固步自封，最終把自己困在一個進退兩難的困境。

真理永遠不是一個固定的東西，它永遠處於變化之中，是需要去體驗和發現的。而整個體驗和發現的過程，就是生慧的過程。

《金剛經》中，佛問須菩提：「須菩提，于意雲何？如來得阿耨多羅三藐三菩提耶？如來有所說法耶？」（須菩提，你認為如何呢？如來得到無上正等正覺，即最高的智慧覺悟了嗎？如來對佛法有所闡述嗎？）

須菩提言：「如我解佛所說義，無有定法，名阿耨多羅三藐三菩提。亦無有定法，如來可說。何以故？如來所說法，皆不可取，不可說，非法，非非法。」（須菩提回答：「以

我對佛法的理解，沒有一個固定的佛法叫做無上正等正覺。也沒有固定的佛法是如來可以闡述的。為什麼呢？如來所述的佛法，都是不可以追求和執著的、都不是可以用言語表達的。它不是什麼法，也並非不是法。」）

如來如是教導眾生。

唯有拋開邏輯的體驗和證悟，才能讓我們找到深入覺察自我的方法，唯有在這種覺察中，我們才能逐漸接近和發現真理。

當我們忙於應付生活時，對自我覺察的意識幾近為零。但當我們能夠靜下來的時候，意識才會慢慢回歸，我們才能漸漸體會到那種細微的覺知。那種微妙的感覺，是頭腦所無法理解的。這個方法必須親自去體悟，因為體悟的過程，就是自我覺察的過程，就是自我反省的過程。這並非頭腦層面上對事件的重組或邏輯的推理，而是一種超越邏輯的更為深刻的體驗，是對更加細微的意識的覺知。

如果沒有這種能力，我們就會自以為我們是在思考事實本身。而事實上，我們只不過是在自我虛構的幻象中作繭自縛、製造麻煩、編織痛苦、浪費時間。

絕大部分情況下，我們很少能意識到我們「認同」或「否定」的這一個步驟，而是直接被動地做出自動化的反應，因為這是我們已經固定和機械化的本能反應。

心理學家榮格說：「你沒有覺察到的事情，就會變成你的命運。」

倘若回想一下，我們就有可能意識到，原來是因為「認同」與「不認同」產生了反應，而這種反應就是我們的情緒。

現在，我們就明白了，情緒就是因為我們基於分別心——好壞、黑白、對錯、是非等等對外界做出的無意識反應。只要我們還帶著分別心看待一個客觀的存在——無論是人還是事物，就會產生偏見，這是造成痛苦的根本原因。

　　那麼，我們要怎麼做才能停止思考、停止情緒的不斷產生，尤其是那些我們不喜歡的情緒，並讓大腦安靜下來呢？

　　首先，我們要明白，情緒不是用來控制的，當然，也不是用來無故發洩的。情緒在提醒我們，是時候觀照自己的內心了，看看自己到底需要什麼、害怕什麼又在渴望什麼？是時候真正深入瞭解自己內在的需求了，是時候真正的愛自己了。情緒是我們內在深處的一種表達，我們不是不能有情緒，而是需要認識它、瞭解它、傾聽它和接納它。

　　我們大部分人的心智都依舊停留在三歲左右，並未隨著年齡的增加而成長。

　　如果我們誠實地觀察自己，就會發現我們總是在經歷這樣的情形——每當遇到不開心的事情就會抱怨、發脾氣、摔東西、哭泣、罵人、理論、推卸責任、無理取鬧、狡辯、逃避、歇斯底里⋯⋯哪怕我們已經二十歲、三十歲、五十歲甚至八十歲。如果我們仍以三歲的心智面對如此複雜的生活，生活必定是艱難和痛苦的。

　　想像我們是一個三歲的孩子，現在有一位和藹、有耐心且有經驗的長者告訴我們：「我們已經長大了，要知道我們現在面對問題所採取的這些方式，不但解決不了問題，還會使問題更加複雜。我們需要先讓自己平靜下來，首先思考是什麼讓我們不開心，為什麼會不開心？我們是不是只看到了

事物對自己不好的那一面，或自己不喜歡的那一面，而忘記了事物原本真正的樣子？」

我想，即便真的是一個三歲的孩子，聽了這番耐心的教導，也會嘗試著慢慢地平靜下來，理解這些話的含義並嘗試去做。下一次再遇到同樣的事情發生時，他也不會輕易再用之前幼稚的方式去應對了，因為他已經學會去面對問題、並用更廣闊的視角和更包容的態度來看待事物本身了。更何況是已經成年的我們呢？！

我們要學會瞭解自己的需求，而不是只對反應做出機械的反應，那不是真正想解決問題的態度和方法。

大多數情況下，我們從來沒有跟事物本身發生過真正的連接，又從何而來真正的反應呢？我們只是被動地、機械性地對反應做出反應。所以，我們永遠也無法真正客觀地瞭解事物和解決問題。

想要瞭解事物的真實面目並解決問題，我們首先需要訓練我們對反應的覺知，因為在大多數情況下，我們對自己真正為何而產生反應並沒有覺知。

當念頭出現時，我們首先要意識到：這只是我們主觀狹隘的看法，一定還有一些是我們沒看到的。那些是什麼，現在並不重要，重要的是，我們需要先深呼吸平靜下來，然後讓自己看著這件事物，就僅僅只是看著它、觀察它，不帶任何評價、不帶任何喜好、不帶任何情感、也不帶任何想像，就像看著一顆樹一樣，那只是一顆樹，不去想我喜不喜歡這顆樹；這棵樹長得茂密與否；這棵樹的樹幹可以做成什麼等等。就只是單純地看著這棵樹，然後，情緒就會慢慢消失，

留下的，才是客觀事實——它原本真正的樣子。

　　意識是我們對自我覺知的覺察，這是一種深度的覺察，它始終懂得我們該如何正確地採取行動。只是我們離它太遠了，所以才常常做出令自己困擾的事情。

　　如果我們能夠學會客觀地看待事物、客觀地看待自己以及客觀地看待事物與自我之間的聯繫，我們就會以一個旁觀者的角度來觀察自己的思想和情緒，既不會陷入情緒中，也不會認同情緒，而是清楚客觀地去做觀察。

　　正確的觀察會幫助我們在刺激和反應之間留出一個間隙。在這個間隙中，我們才能給自己一個充分的空間來選擇應該做出什麼樣的反應。正是這個空間，讓我們眼中的世界可以變得不同。

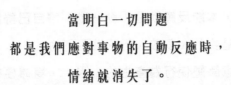

當明白一切問題
都是我們應對事物的自動反應時，
情緒就消失了。

怎樣讓「壞情緒」徹底遠離我們

　　想讓「壞情緒」徹底遠離我們，首先，我們要讓自己的頭腦保持平靜，這就意味著我們必須從源頭切斷所有我們對客觀事物的印象、回憶、幻想和聯想。只有切斷了這些源頭，我們才能在沒有二元對立的思維下見到事物真正的樣子。

　　冥想的過程，其實就是放慢和拆解我們本能地對事物的認知與反應的過程，它就像我們剝捲心菜一樣，只有從最外面，一層一層地慢慢向裡剝開，內在的真實才清晰可見。在這個過程中，我們對意識要始終保持「覺知」，這就需要專注力。

　　如果我們把認知行為過程比作剝捲心菜的過程，那它最外面的一層是什麼呢？當然是「行為」了。受到外界刺激──大腦產生評估──做出反應──跟著行為便產生了。

　　如果我們不行動，不讓行為產生會怎樣？

比如，剛開始接觸冥想時，最大的難題就是「坐不住」。當身體上一有不適，心理上就會馬上產生排斥、不舒服或不喜歡的感覺，本能反應就是「動一動」讓自己舒服一點。這一系列過程是我們大多數人所意識不到的。

有了無意識驅使行為產生的「因」，身體便在無意識中自動地執行「果」。然而，在這個看似無縫連接的因果中，卻存在著一個間隙。大腦程式化的自動反應，是根據我們平時所累積的個人認知，在運作下變成記憶和經驗，再由記憶搭建成神經突觸產生的結果。

假如我們對冥想過程中出現的不適，例如「腿麻」的反應不做出「挪動身體」的行為會怎樣呢？如果我們有意識地觀察這個過程，就能意識到自己正處在哪個認知行為階段，我們只需要嘗試一直觀照這個過程就好。當有了這種「覺知」後，我們就可以繼續向內進一步探索了。接下來，我們需要剝離自動「反應」模式。

比如，冥想時出現的腿疼、腿麻、腰困、肩累、脖子酸等等這些就是反應。但是，如果我們先嘗試忍耐一下，不採取行動，接著觀照這種感覺，仔細體會這種感覺，接納這種感覺，並嘗試享受這種感覺時，慢慢地，我們會發現它其實並沒有那麼難以忍受，這是因為這個反應被阻斷了。在瑜伽體式練習中，這個方法也同樣適用。

當我們去探索身體的極限時，有時總會卡在一個地方無法突破。沒關係，我們要做的，就只是停在那個地方，然後將所有的注意力都放在深長而均勻的呼吸上，試著去觀察和感受自己的身體——伴隨著呼吸，去感受拉伸帶來的疼痛產

生了哪些變化，去感受身體緊張或放鬆的感覺，試著慢慢地放鬆身體緊張的部位，試著想像這個部位正在得到滋養，並慢慢地變得通暢和柔軟，也慢慢變得輕鬆並得到修復。我們會發現，隨著這樣的練習，疼痛感會持續降低，身體的極限也會得以擴展。

隨著持續的練習，我們能感受到的是輕鬆、舒服、疼痛感的降低甚至消失、大腦思維的敏捷、注意力的集中、欲望的降低，那些令我們「上癮」的東西，自然也就不再對我們產生任何誘惑了。

這個過程，就是大腦被重塑的過程。大腦在神經元網路中，包含數萬億個大腦神經突觸，突觸是神經回路中的基本結構和功能單元。作為神經元交流的橋樑，突觸隨時隨地都在工作，處理接收和整合外部刺激，以及存儲和檢索信息。

當大腦神經突觸重新搭建神經回路，也就是我們所說的大腦神經重塑之後，神經遞質會相對平衡，這就會降低各種心理、精神和神經系統疾病的發生。因此，大腦重塑對生理和心理等各個方面都是非常必要的。

現在，我們再繼續向內剝離，剩下的就只有「大腦評估」和「刺激」這兩個步驟了。這兩個步驟是生命演化過程中，人類基因記憶中自帶的系統，雖然我們無法改變它，但是，我們仍然可以透過冥想降低我們對「自我中心」的感知。

只要大腦神經元連接結構被重塑，我們所熟悉的認知行為模式——本能應對反應模式就會跟著被重塑。反應模式一旦被重塑，我們眼中的世界就會跟著發生改變。

如果我們在出現「反應」之後，不立刻採取習慣性的行

為，而只是觀察這個反應是如何出現的，然後接近它、理解它和接納它，看看又會發生怎樣的變化？如果我們能一直認真的堅持體驗這個過程，就會逐漸發展出敏銳的覺知。

這就好像我們在看電視，「我」是看電視的人——即觀察者，無論電視情節是喜劇還是悲劇，無論劇情有多糾結或有多美好，其實那些劇情都只不過是由一幀幀的畫面連接起來的，隨著每一幀畫面的切換，之前的畫面都隨之消失。不要把自己當成劇中的人物，不要陷入劇情中，也不要帶入自己的感情和情緒，只是觀察那些畫面出現，然後任其消失。無論大腦有多活躍，眼前浮現的情景有多凌亂，都只是靜靜地看著它們浮現、消失；再浮現、再消失……慢慢地，頭腦就安靜了，沒有任何畫面和念頭出現，也沒有任何感受和想法。

只有在不好不壞、不悲不喜、無對無錯……完全自由的心智下，我們才能發展出這種自我覺知。

即使我們在某些情況下已經習慣性地產生了反應和行動也沒關係，在不斷地練習之後，我們也依然能夠很快地覺察和意識到它，然後重新去觀察這個過程，意識到念頭、反應和行動是從何而來的。

透過這樣的練習，我們漸漸地就不會再沉溺於念頭之中，不會再永無止境地在想法中糾纏。這是我們靈性成長的起點。

意識是觀察者和被觀察者相互作用的結果。觀察者是主體，被觀察者是客體，它們本就互為一體。「我」即是主體觀察者，同時也是客體被觀察者——那個問題。想要徹底解

決問題，就要徹底瞭解真正的「我」。

　　要保持客觀地「覺知」，我們只能通過回歸「大我」——這個觀察者的意識，單純地去覺知「我」正在覺察當下進行的事。唯有如此，一切才能得到徹底的改變。

　　只有在穩定的情緒下，我們才能成為更平和的自己，才能做出更有益於自己的決定，才能與他人、與世界形成更加良性的關係。只有在這種關係下，我們才能感受到自由，那是真正的、完整的、不受任何束縛的自由。這種自由不是逃避，而是主動、積極地去參與生命——獨處很好，與朋友在一起也很開心；單身很好，有伴侶也很不錯；能夠奔跑很好，不能奔跑坐著輪椅追風也很酷；能看見這個世界很好，看不見這個世界去傾聽它也很美好……只有在那時，所有的「壞情緒」都會遠離我們。

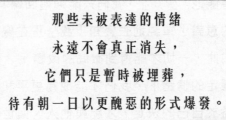

> 那些未被表達的情緒
> 永遠不會真正消失，
> 它們只是暫時被埋葬，
> 待有朝一日以更醜惡的形式爆發。

讓情緒通過自己的身體

　　如果我們仔細觀察嬰幼兒，就會發現，當我們拿走他手中的玩偶時，他會生氣地大哭（情緒來了），接著把玩偶再給他，雖然他的臉上還掛著淚水，但是又會開心地笑起來（情緒走了），他照樣拿回玩偶開開心心的繼續玩。之前有生氣嗎？哭了嗎？鬧了嗎？他早都忘記了，他根本沒往心裡去，他只是回應著那些情緒並允許它們存在，僅此而已。

　　情緒是本能反應，它本身並不是問題，但是，不被覺察和被壓抑的情緒就成了問題。通常，我們對外界的不滿會做出兩種反應：一種是憤怒，一種是悲傷。無論憤怒還是悲傷，它們都只不過是一種負面的情緒。

　　情緒是念頭的產物，念頭是我們透過眼、耳、鼻、舌、身、意對外界一切事物產生了認識以後，對外界刺激作出的反應，所有重複的反應反過來會形成和加深記憶。我們每重

複一次同樣的行為，記憶的痕跡就會加深一次，重複得越多，痕跡就越深，這些記憶痕跡，就體現在我們的慣性思維和日常的行為模式中。我們的感受、語言、行為等等一切，都圍繞著記憶運行。就像黑膠唱片的溝槽一樣，只要唱針放在上面，唱片就會自動播放。

我們可能都以為念頭是一個一個間斷的東西，但實際上，它就像一條流動的小溪。每一天，都有成千上萬的念頭在我們的腦海中此起彼伏，相續不斷。

2005 年，美國國家科學基金會（National Science Foundation）發表的一篇文章顯示，普通人每天會在腦海裡閃過 1.2 萬至 6 萬個念頭，而我們能意識到的念頭，只是其中極少的一部分。在所有這些念頭中，有 80% 的念頭都是消極的。如果我們無法深入地觀察這些念頭，就會在記憶的驅使下自動做出反應——憤怒或悲傷，尤其是那些沒有被意識到的負面情緒。

情緒本應該像大海泛起的波浪一樣，來了又去。就像那些嬰幼兒，他們根本沒給那些情緒在自己身體中停留的機會，他們讓情緒該來就來，該走就走。這就是活在當下最好的、活生生的例子。

我們常說「巨嬰」這個詞，其實，我們絕大多數活得像「巨嬰」的人，反而連嬰兒都不如。因為除了身體上的限制之外，嬰兒比我們活得更像一個真正的生命。他們始終活在當下，該哭哭，該笑笑，該玩玩，該鬧鬧……一切情緒——好的、壞的全部從他們的身體中毫無摩擦地通過，就像褪去的海浪，這就是生命的真諦。

但我們不同，我們大多數人之所以沉悶乏味、毫無生氣、充滿矛盾、陷入悲傷和憤怒，正是因為缺少了讓情緒該來就來、該走就走的能力。弗洛伊德曾說：「那些未被表達的情緒永遠不會真正消失，它們只是暫時被埋葬，待有朝一日以更醜惡的形式爆發。」

　　有些人常常會因為一點點小事就大發雷霆，憤怒與仇恨的種子不斷長大，仇恨記憶的溝壑也越來越深，記憶越強，行為就越難改變，這就是業力的束縛和因果循環。

　　如果我們不給情緒通過身體的餘地，它們便不再像海浪般有來有去，而是持續地累積在一起，從而變成一個我們執著的核心。一旦我們開始執著，能量便無法通過我們的身體，它會積聚在我們的身體中，成為負擔、成為痛苦、成為身體或精神上疾病的根源。

　　美國著名的心理諮詢家、醫學博士、著名內科醫生約翰·辛德勒（John A. Schindler）在他的書──《病由心生》中寫道──「76% 的疾病都是情緒性疾病。」

　　那些不被覺察的情緒通常會透過身體上的病痛向我們發出求救信號，然而絕大多數時候，因為我們沒有或缺少覺知，所以無法接收到身體向我們發出的信號。那些累積起來的被壓抑的情緒，逐步讓我們失去理智，讓事情變得失控。即使還沒有達到暴怒的程度，我們的言行舉止中也始終帶著憤怒的影子，我們始終處於憤怒的狀態之中，伺機而動，總是在等待一個導火索點燃自己的憤怒，即使一點點雞毛蒜皮的小事也會使得我們暴跳如雷。這樣，我們就能理所當然地對自己和外界說：「我實在忍無可忍了！」

這一切，我們可能從未察覺。

當丈夫在職場上失意、經常被上司數落、不得不忍氣吞聲時，他回到家就會黑著臉將壓抑的憤怒發洩到妻子身上；當妻子常常不得不對洩憤的丈夫忍氣吞聲時，就會將憤怒發洩到孩子身上；當孩子不得不承受無緣無故的責罵，又不敢做出反抗時，就會將憤怒轉移到物體或比他更渺小的東西之上……

我常常見到三五歲的孩子以暴力的態度對待小動物，或者暴力地撕扯鮮花和樹葉，抽打街邊或公園的樹木，而他們的父母卻對這一切毫無覺察。

我們都可能正處於這個循環鏈中的某一個環節卻不自知。我們沒有意識到一切都只是因為某個壞情緒的延續，我們沒有給它通過自己身體的機會。久而久之，我們每個人的心中都不知不覺地埋下了憤怒的種子，渾然不覺地滋養它長大。於是，我們造就出了一個憤怒的社會。

悲傷亦是如此。當我們不再讓悲傷通過自己時，它便會安心地住在這個身體裡，成為「我」的一部分，最終，它會完全變成「我」。

憤怒或悲傷，或其他各種負面情緒本身，並沒有問題，從某種程度上來講，它證明我們還活著，還感受著。但問題是，我們不想要這些情緒，這是一個大問題。我們總是設法擺脫自己不想要的，我們越是如此，就越是無法擺脫。

讓我們一起來玩個小遊戲：現在，請大家閉上眼睛，不要去想「檸檬」這個水果；不要去想檸檬鮮亮的檸檬黃色；不要去想用手觸摸檸檬皮時的感覺；不要去想檸檬散發的香

氣；不要去想檸檬被切開時瞬間在空氣中散發出的清香；不要去想舌尖碰觸檸檬汁的酸澀……

好了，現在請大家立刻回答，我們的腦海中印象最深刻的是什麼？當然是──檸檬！

就算我們極力把檸檬想像成西瓜、桔子或其他水果，但也不得不承認，檸檬的影子還是會不時地跳出來，更加清晰地印在我們的腦海中。

我們是否發現，每一次我們腦海中的「不想要」，其實都是在吸引那個「不想要」的東西。這就是「吸引力法則」。

宇宙才不會理我們是否真的想要，它只會回應我們的念頭。但是，如果我們瞭解了吸引力法則，掌握了和宇宙頻率相同的思維模式，宇宙自然就會滿足我們的一切願望了。

我們需要做的，只是讓自己學會安靜下來，去觀察，像觀察海浪一樣地觀察情緒，漸漸地，我們就會發現，頭腦和身體都會處於靜止狀態。

我們平時所做的大多數活動都是無意識的，如果我們想讓其變得有意識，就需要觀照自己的思想和行為。從無意識的活動到有意識的覺知，這中間有一段空白，而這個空白可以用覺知來填滿，方法就是用靜止替代行動。

業力既是記憶，也是行為，記憶和行為彼此成就著。只要我們還被記憶支配著，它就必然會驅使我們做出行為。業力之所以難以打破，正是因為我們在累積了生生世世的業力記憶的驅使下，早已形成了屬於自己的慣性思維和行為模式。在還沒有學會自我觀照的前提下，我們又不斷創造著新的業力，所以才倍顯困難。

只有當我們與記憶產生一定距離時，才能純粹、安靜地坐在那裡，沒有想法和情緒，也沒有行動，只有觀照和覺知。可是，如果我們看似坐在那裡，但頭腦卻不停地跳出這個想法，冒出那個念頭，那麼行動只是接下來的事情。

　　我們平時所做的一切，都需要一個理由。我們所做的一切都出於「為了……而去做某事」，所以很難堅持下去。一旦「為了……而去做某事」，或做自己認同的事，就必定是經過了「小我」（頭腦）的衡量和計算，而這種行為會加深業力的記憶，它的束縛會更強；但是，如果我們以一顆虔誠的心去做，結果就會截然不同。我不需要任何理由去做任何事情，我只是因為需要去做而做，沒有目的。這樣的行為就不會增加業力的記憶，也不會受到業力的束縛。

　　人類之所以與動物有所不同，是因為動物大多是無意識的存在，而我們的存在是一種頭腦的現象。在這個頭腦現象中，99% 是無意識的。唯一能使得那 1% 可以增長的方法，就是變得有意識。一旦我們可以變得 100% 有意識，那麼我們就成了一個觀照者，只有先成為一個觀照者，我們才會有覺知的可能。

　　在覺知中，觀照者消失了，行為消失了，主體消失了，自我中心的意識消失了，除了覺知，沒有任何東西是存在的。覺知是整體，是無為，是超越頭腦無意識的一種狀態，它是靈性進展的終點。

　　這個世界上，其實並不存在一個憤怒的人，或一個悲傷的人。因為，「我」就是那個憤怒，就是那個悲傷。反之，「我」也可以成為那個喜悅，和那個愛。

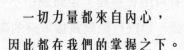

> 一切力量都來自內心，
> 因此都在我們的掌握之下。

如何讓宇宙滿足我們的願望

我在五六歲時，曾看過一部名為《七色花》的動畫片。那部動畫片講述了一個叫珍妮的小女孩的奇遇：

有一天，珍妮去幫媽媽買麵包圈。但在回來的路上，手中的麵包圈被一隻尾隨其後的小狗吃光了。當她意識到手裡提著的麵包圈輕了的時候，旁邊的一隻小狗正滿足的舔著嘴巴。她生氣地去追打小狗，結果迷路了。這時，出現了一位老婆婆，老婆婆送給她一朵「七色花」並告訴她那朵七色花可以滿足她的任何願望，無論她想要什麼，只要撕下一片花瓣並拋向天空說：「飛吧，飛吧，我想要 XX。」它就會讓她願望成真。

這部動畫片是我兒時最喜歡的童話之一，我一直都渴望能擁有這樣一朵七色花。有很多個晚上，我都躺在床上想如果我自己有一朵七色花，該如何好好利用它——首先，我想

要我的家永遠和睦有愛；然後，我想住在一座被森林環抱、門前有小溪、湖泊和鮮花的木房子裡；我還想要一架鋼琴，這是我一直都非常非常喜歡的；我還想去茜茜公主生活的地方（那個時候的我並不知道那個地方是巴伐利亞）。我常常想像自己處在和睦有愛的家庭中，感受著家的溫暖；我常常想像自己光著腳丫在草地上奔跑著追趕蝴蝶，累了就坐在小溪邊聽溪水的流淌聲；我常常想像自己的手在黑白琴鍵上跳躍……有時候，我彷彿感到自己正在親身經歷著那一切，那種感覺會讓我興奮得睡不著覺。

　　我當時就只有這四個願望，我從來沒想過要什麼洋娃娃之類的玩具，也從來沒想過要什麼好吃的。這樣我就只用到四片花瓣，還剩下三片花瓣，我對自己說要留著它們以備不時之需。

　　每每當我回過頭看，都會覺得一切不可思議——兒時的願望，在成年之後，已經奇跡般地全部被逐一實現。只是我的第一個願望，最後它實現在我自己的小家庭中。不僅如此，成年後曾經每個階段被列在紙上的那些願望清單，也都逐一被實現。有些願望用了幾個月就實現了，有的則用了三五年、八九年甚至十幾年才被實現。但最終，它們都實現了！而現在，我的任何想法都會在兩三天、甚至當天就得到宇宙的回應。

　　這不是童話故事，這是我的現實生活。我從未擁有過七色花，但「奇跡」卻一直再發生。

　　對此，我一直心懷感恩，覺得這是上天對我的眷顧。儘管我在一個不幸的家庭長大、被束縛、被壓抑、被病痛所折

磨，但上帝真的為我打開了另一扇窗。

直到某天，我看到朗達·拜恩的《The Secret 秘密》這本書時才知道，原來自己從小到大，一直都在不知不覺地運用著這個「秘密」。

朗達·拜恩 (Rhonda Byrne) 是一位澳洲電視工作者。有一年，她的父親突然身故、她的工作遭遇瓶頸、她的人際關係也一團糟。但那時的她還並不知道，在這樣的人生絕境中，將要來臨的是上天最大的禮物。她偶然間讀到一本百年古書，發現了一個偉大的秘密。更讓人驚奇的是，過去知道這個秘密的，竟然都是歷史上的偉大人物，例如：柏拉圖、莎士比亞、牛頓、雨果、貝多芬、林肯、愛默生、愛迪生、愛因斯坦等等。她不禁想問：「為什麼不是每個人都知道呢？」於是，她開始組織一個工作團隊，尋找目前仍然在世的知道這個秘密的人。

《秘密》工作小組在 7 周內拍攝了 55 位大師級的人物，拍攝出超過 120 小時的影片。他們都是各行各業的佼佼者，在影片裡現身說法告訴我們：「瞭解這個秘密，就沒有做不到的事。」

是的，沒有做不到的事！不論我們是誰，我們想要什麼，這個秘密都能讓我們願望成真。但最重要的是，我們必須清楚地知道自己究竟想要什麼，以及懂得如何運用這個秘密！

艾默生曾說：「秘密，就是過去、現在和未來的一切解答。」

柏拉圖也曾經神秘地暗示：「有一把金鑰匙，可以把宇

宙的所有奧秘統一起來。」

只要是我們內心極度渴求的，宇宙都一定會滿足我們，但這需要足夠的虔誠和正確的方法。

首先，我們必須對自己和自身所處的這個宇宙有一個瞭解。

我們身處於一個以吸引力為基礎的宇宙中，宇宙萬物間都存在著某種我們肉眼無法看見但又必然存在的聯繫。宇宙奇妙的排列並遵循著某些規律，這是我們有限的智慧無法領會到的星座運行的神秘力量，無論我們是否相信它或理解它，我們都身處於這個無窮的自然力量之下，我們都被它特有的規律所支配著、指引著。

我們都會在回憶過去、思考現實或想像未來的過程中首先產生一個念頭（想法），這個想法會在大腦中構成一個圖像，這個圖像會透過腦電波發射給宇宙，宇宙則透過它最有威力的法則，又回應我們的想法。這個過程，就是吸引力法則！

吸引力法則會滿足我們想要的一切。它是客觀的、自然的法則，它的眼中沒有好、壞之分，它只是接收我們的思想，然後以生命經驗的形式，把這些思想回饋給我們。

美國社會心理學家費斯汀格（Festinger）提出：「生活中的 10％ 是由發生在你身上的事情組成，而另外的 90％ 則是由你對所發生的事情如何反應所決定。」這就是著名的「費斯汀格法則」。他曾在自己的書中舉了這樣一個例子：

卡斯丁早上起床後洗漱時，隨手將自己的高檔手錶放在洗漱台邊，妻子怕手錶被水打濕，隨手便拿去放在餐桌上。

兒子起床後到餐桌上拿麵包時，不小心將手錶碰到地上摔壞了。卡斯丁看到自己心愛的手錶被摔壞，生氣地揍了兒子一頓，然後罵了妻子一通。妻子不服氣，說自己是好心因為怕水把手錶打濕所以才放在餐桌上的，卡斯丁說他的手錶是防水的。於是二人爭吵起來，一氣之下卡斯丁連早餐也沒有吃，就直接開車去了公司，快到公司時他突然記起忘了拿公事包，又立刻轉回家。可是家中沒人，妻子去上班了，兒子去上學了，卡斯丁的鑰匙留在公事包裡，他無法進入家門，只好打電話向妻子拿鑰匙。當妻子慌慌張張地往家趕時，撞翻了路邊的水果攤，攤主拉住她要她賠償，她不得不賠了一筆錢才了事。拿到公事包回到公司後，卡斯丁已經遲到了足足 15 分鐘，他挨了上司一頓嚴厲的批評，心情壞到了極點。下班前又因一件小事，跟同事吵了一架。妻子也因早退被扣除當月全勤獎，兒子這天參加棒球賽，原本有望奪冠，卻因心情不好發揮不佳，第一局就被淘汰了。

假如此事重頭來過，卡斯丁換一種反應，比如，當表被摔壞時他撫慰兒子：「不要緊，手錶摔壞了沒事，我拿去修修就好了。」這樣，兒子不會擔心害怕，妻子也不至於生氣，他自己的心情也不會受到影響，那麼隨後的一切就自然也都不會發生了。

無論我們是否願意相信或承認，我們生活中所發生的一切事情，都是我們自己吸引來的，是我們頭腦所想像的畫面吸引來的，是我們自己想出來的。如果我們總是抱怨不好的，那也就只能吸引來更糟糕的。

比如，我們在生活中經常可以見到這樣的事情：當一個

人總說自己忙忙忙的時候，他真的會越來越忙，直到把自己忙病了，也許在病床上還要處理很多事情；當一個人總是懷疑自己不是這裡病了就是那裡病了的時候，他遲早會生病。但當一個人總是說自己很滿足、很幸運、很幸福的時候，他一定是快樂、幸運和喜悅的。

所以，想要宇宙滿足我們的願望，就首先應該弄清楚自己真正想要的東西並持續地思考它，然後我們腦海中出現的，也將會成為我們所得到的。即思想變成現實！

如果到此刻為止，我們依然無法理解這個現象，那就有必要先瞭解我們是以何種形式存在的。這個事實可以幫助我們明晰很多我們所忽略的事實。

如果說我們和天上的星星並無不同，只是一閃一閃的能量，也許有人會覺得吃驚，或者不相信，眼前這個實實在在、有血有肉的人，怎麼會是一團閃爍的能量呢？

用我們有限的感官，能觀察到的事物是極其有限的，我們只能觀察到自相似性隱藏結構的外在表現形式，這種神聖對稱性的源頭，是宇宙萬物最大的秘密，也正是量子力學專注研究的課題。

宇宙中的一切——海洋、地球、恒星等等都是由原子組成的能量，也就是說，宇宙萬物都是振動的能量。我們的身體，包括我們的器官、內在系統、細胞、分子、原子，也都是以能量的形式存在。我們並不是自己所認為的這個有限的身體，而是一個本身就在不斷振動的能量場。

這一點，早在二十世紀前期，俄國科學家研究出的「氣體釋放顯像技術 Gas Discharge Visualization」，簡稱

GDV 照相術中就已經被證實。GDV 照相術可以觀察到人在不同情緒下身體能量場的變化。譬如，當一個人產生積極情緒的時候，比如開心、愉悅、快樂時，他的能量場就會增強，而在生氣、妒忌、悲傷等情緒下，他的能量場就會缺損、縮小、甚至消失。

這足以證明人是一個超越肉眼維度的存在。我們是在一個巨大的無邊界能量場中可以自由活動的小能量場，我們並不僅僅只是一個作為肉體的存在，更是作為靈性的存在，我們是互相聯繫在一起的，只是我們的肉眼無法看見這一切。

思維同樣也會產生能量，會發射頻率，不同的思想產生不同的頻率。如果我們重複思考一個想法，經常在腦海中想像它，我們就是在持續地發射對應的頻率，思想不斷地發射這種帶有磁性的信號，這個信號就會把相似的東西吸引過來。

能量永遠不可能被創造或毀滅，無始以來，它永遠從一種形式轉換成另一種形式。

對於能量的存在，雖然我們無法用肉眼看見，但是，在生活中，我們隨時隨地都能感知到它的存在。比如，當我們與某些人交談時，會產生身心愉悅的感覺，甚至大家不用說話，只是待在一起就會感到很舒服，這就是我們所說的同頻率。由於兩個人的能量所產生的頻率一致，產生共振，所以就會產生相互吸引和愉悅的感覺；再比如，當我們遇到比自己能量強的人時，會感受到渾身充滿了力量和信心；也有時，我們會遇到比自己能量低的人，會覺得溝通不怎麼愉快，甚至我們的情緒也會受到對方的影響而變得低落，產生想要遠

離的感覺。

　　當我們想要某個事物的時候，這個「想要」的動念就向宇宙發出了召喚，吸引力就會響應這個召喚，最終會幫我們實現。但是，有一點非常關鍵且常常被我們所忽略，那就是當我們看到不想要的事物並在思想中排斥它的時候，事實上，我們並沒有把它推開，而是在吸引那個不想要的事物。

　　我自己就有一個親身經歷：曾經有一段時間，隔壁鄰居每晚從凌晨兩點到五點開 party，由於業主把房子租了出去，也很難與業主直接聯繫，我們試圖與租客多次溝通，都沒什麼效果，投訴也解決不了什麼問題。那段時間我幾乎處於神經衰弱的狀態。後來，當我不再把焦點放在如何解決他們的吵鬧上，而是放在如何讓自己平靜下來時，結果，沒過多久，他們就搬走了。之後再搬進來的幾批租客，都相對比較注重公共禮儀，大家的相處也很輕鬆愉快。這只是多年來其中的一件小事，這樣的例子實在是太多了。

　　也許會有人提出質疑，「我每天都想變成有錢人，可我怎麼還是沒錢呢？」那是因為對他們而言，他們不想要的東西比想要的東西多得多！

　　雖然我們都很想讓自己變得富有，但事實上，我們每天都在想「起床好辛苦，不想起床；上班好煩人，不想上班；上司好挑剔，真討厭……」我們的能量和專注力極少放在如何才能讓自己變得富有這件事上，而是全被那些不想要的東西所分散。所以，最終，我們也只能吸引來那些自己不想要和討厭的事物。

　　大部分人並沒有意識到，自己每天都在無意識地被所觀

察到的現象所分散著注意力，自己只看到「現在的狀況」。
而當我們一心只想著「現在的狀況」——比如，還款日怎麼
又到了；老闆怎麼又給我出難題；今天怎麼這麼倒楣……時，
吸引力法則就會給我們更多「現在的狀況」。

　　這一切足以說明，宇宙每時每刻都在滿足著我們的一切
願望。關鍵在於，我們如何將正確的頻率發射給它。而改變
現狀的切入點就在這裡，雖然我們還是能觀察到「現在的狀
況」，但是不要去想它。而是集中精力、想方設法地去找到
解決當前狀況的方法，這個時候，情況就會完全不同。

　　大部分人都會抱怨說：「可是我現在就是這樣啊，還
能有什麼辦法？」對於這個問題，我們必須意識到，我們口
中的這個「我」，並不是現在的「我」，而是過去的思想和
行為所產生的殘餘結果。如果我們只是一味地沉溺於這種殘
餘中，那我們註定無法在未來得到任何比現在更好的其他東
西。

　　量子力學已經指出：我們不可能擁有一個獨立於自我意
識之外的宇宙。

　　事實上，意識創造了一切，而這一切也正是被我們感知
的。即使我們的頭腦現在可能還無法理解這一切，但也並不
意味著我們必須排斥和拒絕它。就好像沒幾個人知道電流的
工作原理，但我們仍可以享受它帶來的便利一樣。

　　既然我們現在的一切，都是過去思想的結果。那我們應
該怎樣來訓練自己轉換思維呢？

　　我是從寫「幸運日記」開始的。

　　《秘密》中也提及此事，人們應該列一個感恩清單。因

為這會改變我們的思想和能量。

　　十多年前，我曾經歷了人生中最為黑暗的一段日子。那段經歷導致我的第一道免疫系統徹底崩潰。面對外在和內在的種種壓力，玫瑰糠疹、蕁麻疹、濕疹還有叫不出名字的各種皮膚病接二連三地找上我。也是從那個時候起，我開始寫「幸運日記」。

　　每天晚上臨睡前，我都會列出當天讓我感到幸運的 5-10 件事。起初我覺得非常困難，因為巨大的壓力使我的心情跌到底殼，身體還遭受著疾病的折磨。我覺得自己的世界是灰黑色的，幸運和自己完全扯不上任何關係。但我仍努力地去發現一天當中那些「幸運」的事。比如，早上出太陽了；早餐很可口；散步之後心情變好了……

　　漸漸地，我意識到，即使在那樣的情況下，我能列出來的幸運的事情，也絕對不止那麼少。因為，至少我還能用眼睛看見這個世界；可以品嘗到食物的味道；還擁有健全的肢體……我的關注焦點完全改變了，感恩也變成了我由內而生的一種情感，而不僅僅只是一種形式。

　　在不知不覺中，我的免疫系統得到了恢復，只有蕁麻疹是最頑固的，不過，到現在為止，我已經能與它和平共處了。它不再隨便就「跑出來」干擾我的正常生活，而是只有在我免疫力低下、或者疲勞的時候，偶爾「冒個泡」出來，提醒我需要停下來休息或調整作息了。有時候，我甚至會覺得有這樣一個自助提醒功能是件好事。

　　當我們學會把注意力放在自己希望的事情當中，用正確的方法開啟這個練習之後，人生就會走向完全不同的方向。

事實上，不僅僅是人生，整個生命都會變得不同，因為生命的本源就是宇宙能量。

「我」就是永恆的生命，「我」就是上帝的力量，「我」就是自己口中的「上帝」或「佛」。正如作家羅伯特·柯里爾所言：「一切力量都來自內心，因此都在我們的掌握之下。」

> 意識，是讓我們改變的根本。

是什麼阻礙了我們想改變和前進的行動力

很多人都會有這樣的困擾：覺得自己需要充電，想改變、想進步，卻總是思想的巨人，行動的矮子。越是如此，就越是自責，越自責，就越行動不起來。很多事情都毫無頭緒，內心極為混亂，不知該從何著手。

想要明白究竟是什麼束縛了我們的行動力，首先我們要明白什麼是「業力」。

在沒有瞭解占星、瑜伽以及佛學之前，「業力」這個詞給我的感覺很玄秘，我對它沒有任何認知，感覺它離我很遠。但事實上，恰恰相反，業力一直作用在我們每個人的身上，只是我們從未意識到。

通常，「前世累積下來懸而未決的問題」被稱之為「業」。「業」的本質概念就是一種行為或習慣，是生命無始以來不斷重複的行為習慣。「業」就像種子，只要有種子

存在，在一定的條件下，它就會發芽和生長，這就是「業力」。或者說，這就是「因果」。

但是這樣解釋不免會讓人感覺很玄秒、很神秘。那些我們看不見，也無從證實的東西，通常我們會很容易認為那就是迷信。而且很多人一提到「因果」，就立刻會在後面腦補兩個字——「報應」，會習慣性地聯想到做了壞事而產生的後果。

然而，「因果」和「報應」這兩個詞，都是中性詞。正所謂：「有施必有報，有感必有應，故現在之所得，無論禍福，皆為報應。」它們都只不過是表達由一個原因所造成的結果而已。這裡面沒有任何迷信的色彩和成分。

好的因產生好的果，壞的因產生壞的果，不同的因，產生不同的果，就是如此簡單、合乎常理的事情。

從狹義來講，因果就是一個種瓜得瓜，種豆得豆的簡單道理，它沒有任何負面意思和迷信的成分。

佛學教導人們「不妄語」，正是要求我們不應隨意解讀或曲解任何一個字。只有在「正知正見」的基礎上，我們才能更進一步接近真理和智慧。

從更深的層次來理解，因果又是極為複雜的事情。因為通常因和果極其複雜地互為交織在一起，完全不是我們想像和理解中的那個樣子，它往往是超越頭腦邏輯所能理解的範疇，因為它裡面往往包含著太多我們肉眼不可見的東西。

我們總說「眼見為實」，但我們真的仔細思考過「看見」是如何發生的嗎？我們都認為自己看到的世界是五顏六色的，然而，這個世界真的有顏色嗎？要解答這兩個問題，

我們得先從太陽光說起。

從廣義上講，太陽光是來自太陽所有頻譜的電磁輻射，即電磁波。透過太陽光譜圖我們得知，電磁波分為紅外線、紫外線和可見光。

紅外線的波長長，能量低，對人體的傷害較小；紫外線的波長短，能量強，對人體的傷害較大；而我們的肉眼所能看到的可見光（赤橙黃綠青藍紫），只占太陽光譜儀中很小的一部分，它們的波長在 400-780nm 之間。事實上，所有的光（電磁波）都是無色的，可見光之所以可見，是因為這一部分光的波長正好能被我們的眼睛捕捉到。

當光線（無論日光、月光或燈光）進入我們視網膜的時候，就會產生出各種顏色。而這些所謂的顏色，是眼睛將捕捉到的每一個像素分解成 RGB 編碼傳遞給大腦後，大腦分析得出的結果。

人對色彩的感知，是透過視覺神經通路完成的，這個通路非常複雜，其中負責感知顏色的是視網膜上的錐狀感光細胞，也叫視錐細胞。當人眼看到一個物體時，視網膜上的各種細胞就會立即展開合作，將複雜的視覺場景分解成各種參數，傳遞給大腦，再由大腦的視覺中樞還原視覺場景。在這個過程中，視錐細胞的作用就是分解色彩信息。

人眼的視錐細胞與動物的有所差異，人眼有三種視錐細胞，分別感受紅色、綠色和藍色，所以正常的人眼能處理三種顏色——即紅綠藍三原色系統。而大部分的兩棲類動物、鳥類、蝴蝶、魚類、蒼蠅等，它們都有比人類更發達的色覺系統，通常有四元色及以上的色覺系統；很多哺乳類動物反

而幾乎無法分辨顏色，比如牛、羊、馬、貓和狗等，它們眼中只有黑、白、灰三種色彩，就像我們過去的黑白電視機所呈現的畫面一樣。所以面對同一個物體，人類和其他動物看見的顏色並不一致。

所有我們認為能被「看見」的物體，也都只不過是因為這個物體本身不透光而已。不透光的物體會將光線反射，反射光經過我們眼睛的角膜、房水，由瞳孔進入眼球內部，經過晶狀體和玻璃體的折射，在視網膜上形成倒影。而眼睛只負責「看」的這個部分，它就像照相機的鏡頭一樣，只負責「捕捉」畫面。當視網膜上的感光細胞接受到物象的刺激時會產生神經衝動，透過視覺神經傳遞到大腦皮層的視覺中樞，大腦再根據以往的數據庫信息——即我們的記憶做出比對和分析後的結果時，才是我們真正所說的「看見」。

因此，我們所說的五彩斑斕的世界、紅色的花、藍色的海，以及我們始終認為的那個獨立於我之外還存在的外在世界，都只不過是我們大腦主觀創造的結果。

我們的眼睛所能看見的這個世界，只不過是宇宙間極其有限的一部分。我們以為我們的眼睛可以看到一切，但事實上，我們的眼睛只能看到整個宇宙的 4% 多一點，不超過 5%。這個所見裡面，還包含了類似顯微鏡、哈勃望遠鏡之類的高科技儀器的輔助。倘若只是肉眼所見，那就更是少之又少了。

整個宇宙，幾乎是由暗能量、暗物質與原有物質（可見物質）所組成的。

在整個宇宙中，**73%** 是暗能量，**22%** 是暗物質，其他

的原有（可見）物質只占整個宇宙的 4.6%，在這 4.6% 中包含了原子、恒星、星系與生命（我們又是生命中極其微小的一部分）。

當科學不斷發展，能利用哈勃望遠鏡來探索宇宙時，我們以為自己已經探索到了很遠很深的地方，我們以為這就是宇宙的全貌。然而，人類目前的所知還不足整個宇宙的 5%。也就是說，在整個宇宙中，存在著約 95% 的不可見物質，然而我們卻並不知道它的存在。

因此，僅憑感官來判斷世界，就和盲人摸象一樣愚昧和可笑。

感官最初的目的僅是為了生存的需要，大腦通過感官收集簡單的記憶，為了讓人能夠適應簡單的生活，它的功能僅此而已。但是，如果我們完全相信感官所呈現的一切，那就只能自欺欺人了。

泰戈爾曾這樣說：「完全按照邏輯方式進行思維，就好像是一把兩面都有利刃而沒有把柄的鋼刀，會割傷使用者的手。」

一方面，我們必須明白，即使我們能看見的東西，也未必就是它真實存在的樣子；另一方面，我們不能完全依賴自己的感官判斷這個物質世界，以為眼睛看不到的就不存在。唯有從這兩個方面著手，我們才有可能探尋到生命的本質，並打破那個局限和循環模式。

關於業力（因果）的不可見性，蝴蝶效應就是最好的例子：

亞馬遜熱帶雨林的一隻蝴蝶扇了扇翅膀，對其周圍的氣

流造成了一點極其微小的影響，而這一點極其微小的影響，又會引起四周空氣或其他系統產生相應的變化，由此引起一個連鎖反應。最終，可導致美國德克薩斯州的龍捲風。

任何事物的發展都存在定數與變數，事物在發展過程中的發展軌跡雖有規律可循，但同時也存在著不可預知的「變數」，甚至適得其反。一個微小的變化能影響事物的發展，這證實了事物發展的複雜性。正如人們無論如何也無法將蝴蝶振翅和龍捲風聯繫在一起一樣，但它們之間的確存在著某些「不可見」的必然聯繫。

我們都理所當然地以為我們所生活的這個肉眼可見的宏觀世界就是唯一的真實世界，但其實，我們看不見的微觀世界，才是決定一切的幕後運作者。我們都與之牽連甚深，它每時每刻都作用在我們身上，它並不神秘，也不玄妙，只是我們缺乏對它的瞭解，這是我們認知的局限性造就的假象。

法國哲學家霍爾巴赫曾這樣描述：「在宇宙中，一切事物都是互相關聯的，宇宙本身不過是一條原因和結果的無窮的鎖鏈。」

我們平時所理解的因果，僅僅只是最表層的現象，類似於：因為我不小心，所以打碎了一隻玻璃杯；因為他態度不好，所以我生氣了……這些是可見的、最表面的因果。但是在更深的層次，還有我們不可見的因，那正是導致這個結果最根本的因。

任何事情的發生，都看似偶然但並非偶然。在我們所能感知到的偶然背後，一定存在著某種必然的聯繫。

宇宙間的一切，包括我們的這個身體在內，都是業力

（因果循環）的產物。作為人類，業力是我們的身體、頭腦、情感、能量四個不同維度留下來的殘存記憶，它可以一直被追溯到最小的基本元素。只有最基本的元素才沒有記憶，一切都是以元素的主宰開始的。

從心理學角度來看，人們總會不自覺地重複自己的創傷就是業力的一種體現。

在占星學中，月亮南交點就代表著個人的業力。生命所有累積的記憶也和童年創傷一樣，都會不自覺地在這一生當中重複。那些從過去的生命中遺傳下來的一切，都是我們與生俱來的，也是肉眼所看不見的，但它卻讓我們無意識地、不斷地塑造著自己，並成為現在的自己。

我們不能說業力就是不好的，在很多方面，那些我們天生自帶的行為模式是非常有用的，它利於我們做很多事情。但是，當我們想要改變和向外擴展的時候，它就成了問題，因為它令我們內心的狀態變得相當僵化和自動化，就像我們明知道有些習慣對自己沒有任何好處，卻依然會不自覺地重複那些習慣一樣，這就成了束縛。

打破或擺脫業力需要一個過程，因為那些過去的、看不見的、殘存的種種記憶，始終在以它自己的方式影響著我們的現在，我們藉以業力展開此生的活動，但也受困於其中。我們所有的起心動念都在業力的種子下運作，並影響著我們的行為模式，我們始終在無意識中加深記憶（業力）的痕跡，因此，總有一天，我們也終將收穫自己所種的果實。

現在的我們是過去業力作用的結果，對於過去，我們無力改變；但未來的我們基於現在對業力的改變，對於未來，

我們完全可以塑造成自己想要的樣子。

改變意味著提升對自我的認知和覺察，一旦對自我有了更加清晰的認知和敏銳的覺察，行為模式就會發生改變，一旦行為發生改變，命運就會發生改變。

每一個人，都在無意識地創造著自己的某種形象、某種性格。極少有人是有意識的。那麼，如果我們有意識地去創造一個全新的形象和性格會怎樣？

我們是思想的產物，所以，我們要格外注意自己的想法，語言是次要的，思想是活的，遠行的。永遠將覺知放在首要位置，雖然舊的模式、舊的行動會一而再，再二三地將我們拉回舊有的思維和行為模式，它不會那麼容易被擺脫，但是，只要時刻具備敏銳的覺察力，我們就可以不斷地讓新的模式進入，直至替換掉舊的模式。這一切，都有賴於意識和覺知。

「用全新的思維模式替換舊有的模式！」就是這麼簡單。雖然做起來並不容易，但也不難。雖然業力是記憶、是慣性，打破它意味著我們要重新進入不熟悉、不安全的領域。但一個被重複二十一次的行為就會變成習慣，就會被記憶。關鍵在於我們是否真的想要改變。

我們大部分人，都像柏拉圖洞穴寓言中的囚徒一樣，被常年禁錮在洞穴裡，面向牆面無法轉身和扭頭的囚徒，把身後的火把映在牆上的影子當成真實的世界，雖然有時也會對外界的世界產生疑惑，但始終認為待在洞穴裡是最安全和最真實的。但安全也意味著禁錮。問題的嚴重性在於，那些過去記憶裡的安全感，變成了一個繭，我們被包裹其中，殊

不知，它甚至不允許我們進入當下，而我們卻允許被它所包裹，僅僅只是因為那樣感覺起來很安全。

所有追求「安全感」的人們，都背負著一座監獄。

就好像有一個人，原本很想在山青水秀的地方建一座天然的木屋，好好享受大自然賜予的這一切美景。但他怕有野獸攻擊，所以加了鐵網；他怕有壞人偷窺，所以只造了很小的窗；他怕房屋不夠堅固，所以用混凝土加固了房子。最後，他只能在光線昏暗的圍牆裡把自己囚禁起來，那樣確實很安全，但他忘記了自己的初衷，是想要在這裡享受大自然的美景。甚至，他最後連外面的世界是什麼樣都已經很模糊了，他把那所禁錮自己的房子當成了真實的世界。

意識創造出的自我保護的圍牆，終究會把我們變成一個囚徒，它就像一座移動的監獄，與我們如影隨形。業力就是這堵牆，如果我們不打破它擴展自己的系統，我們就會永遠被囚禁。

業力不是一個定義，它是記憶和行為，這些記憶和行為塑造了現在的「我」。業力是一個人作為個體存在的本質，而我們只需要學會意識到業力邊界的局限，一旦有了這個意識，一切都會變得簡單。因此，意識是讓我們改變的根本。

盡最大的努力，給自己一個足夠舒適的空間和時間，觀照自己與他人、外界事物的感受。正是這種體驗在創造一個全新的「我」。觀想它，越仔細越好，越生動越好。

當我們帶著這種觀照體驗和感受時，雙眼的記憶才會慢慢地被淡化，當我們不會再被充滿記憶的眼、耳、舌、鼻、身、意所左右， 不會再帶著分別心，而是用內在的眼睛去

感知時，就打破了固有的循環模式和束縛。

　　這種強大的內在感知，會幫助我們開啟另一個維度。只
有在那時，生命才能得以擴展。

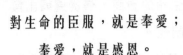

對生命的臣服，就是奉愛；

奉愛，就是感恩。

臣服於生命之流

我們常說要有感恩之心，究竟對什麼感恩呢？

上司提拔了你，因此你對他感恩；醫生救助了你，因此你對他感恩；別人做了有益於你的事，因此你對他感恩……可是，這一切，並不能算是感恩，那只是感謝。

真正的感恩，是奉愛，是對生命的臣服。臣服於生命並不是對命運投降，而是以感恩和奉愛之心，無條件地接受生命更多的可能性。

如果上司提拔了你的競爭對手，你仍對他感恩；如果醫生盡力了但仍對你的病情束手無策，你仍對他感恩；如果別人損害了你的利益，你仍對他有所感恩……這才是真正的感恩。接受生命給予自己的一切，就是接受完整的生命，這種對生命徹底臣服的態度，就是感恩。

也許有人無法理解，憑什麼我失敗了還要感恩？憑什麼

我的病情得不到醫治還要感恩？憑什麼我的利益被侵害了還要感恩？……

如果不站在生命的層面，僅從邏輯出發，頭腦永遠都不可能想明白這些問題。

一個人，只要他還活著，他從這個宇宙中索取的就遠比他付出的多得多。想想看，我們什麼都不用付出，就可以隨意呼吸大自然免費提供的空氣，大自然有要求過我們回報嗎？這個被我們忽略已久的呼吸，持續不斷地為我們提供著生命能量，它有要求過我們回報嗎？對此，我們難道不該感恩嗎？

大多數人，都會認為這一切是理所當然。正因為人類對宇宙的恩賜沒有任何「覺知」與感恩之心，所以才逐漸變得貪婪，成為一個只會索取的自大狂。

一個始終都在強調「自我」的人，不可能是一個「奉愛者」，不可能有感恩之心。他們只是執著於改變或征服他人、世界甚至整個宇宙。

他們可能會對螞蟻的渺小嗤之以鼻，甚至對它們的死也不會有任何感覺；他們可能會嫌棄蜈蚣的醜陋或蛆蟲的卑賤；他們不會對宇宙生命能量產生任何敬畏之心，因為他們看不到宇宙無限的原創作品是多麼地不可思議。他們始終認為自己無所不知，但事實上，他們卻對自身所處的這個神奇而變幻莫測的宇宙幾乎一無所知。

我們如塵埃般，身處於無窮無盡的宇宙之中，它如此包容我們，給我們去盡情探索的自由，可是，一旦我們搞錯了自己的位置，丟失了在這個存在中關於自己是誰、自己處於

什麼位置的謙卑和虔誠；一旦我們將自己視為「無所不能的神」時，就會變成瘋狂者。

一個對造物主沒有感激、敬畏和虔誠之心的生命是不可能有愛的，一個沒有愛的生命，是不懂得感恩的，不懂感恩的生命，又談何臣服與奉愛？

也許只有當別人做了有益於自己的事時，我們才可能會聯想到「感恩」這個詞，可那並不是感恩。因為一個沒有完完全全、心甘情願地臣服於生命之流的生命，無法理解什麼是真正的感恩，因為他不懂得什麼是奉愛。

奉愛一詞，是由梵語 भक्ति 羅馬化為 Bhakti（巴克提、薄帝、薄克帝）翻譯過來的。它也被譯為信愛、奉獻、虔信、信、虔敬和忠誠。

我們所知道的巴克提瑜伽，就是奉愛瑜伽、信愛瑜伽、信瑜伽等，即以「奉愛」的修行方式接近梵或神祇之意。

我們的生命，從大的方面來講是由身體、頭腦、情感和能量這四個維度共同運作的結果。一旦這四個維度無法協調運作，我們的身心健康就會受到影響。而瑜伽就是幫助我們整合這四個維度的工具。

尼采曾推崇的印度哲學聖典《薄枷梵歌》教導我們，要明白物質、個體靈魂以及永恆存在三者之間的關係。瑜伽正是透過這四個維度，讓我們明白物質、個體靈魂以及永恆存在三者之間的關係。如果我們能透過這四個維度中的其中一個或者多個維度進行學習和練習，就能收穫健康的身心，甚至最終還能獲得了悟與解脫。

業力瑜伽（Karma Yoga）能夠讓我們透過身體的極限

達到了悟；智慧瑜伽（Gnana Yoga）能夠讓我們透過終極的智慧達到了悟；奉愛瑜伽（Bhakti Yoga）能夠讓我們透過純粹的愛達到了悟；克裡亞瑜伽（Kriya Yoga）能夠讓我們透過轉化自己成為終極的能量（內在行動）而達到了悟。無論我們透過哪一個維度，我們終究都能走向了悟。它們最終的目的，都是讓這個「小我」消失，最終與無盡的源頭合一。

而很多人一心只想追求了悟的境界，那就又會成為一個問題。只要「小我」存在，他就永遠都需要一個目的、理由和方向。「追求了悟」這個想法，就是小我的把戲。然而「大我」沒有目的，它本身就只是一個巨大的能量遊戲，它只是變換各種玩法，它哪兒也不去。它總是現在，也總是在此處，除了全然地變化和玩耍之外，什麼也沒有。

「大我」不需要刻意去追求什麼健康、喜悅、了悟……因為它本身就是健康、喜悅、了悟，它是一切。它本一切俱足，自給自足，又何必向外四處尋找呢？

那如何才能做到不向外尋找呢？最有效的方法，就是保持一顆赤誠的心，保持對生命臣服的態度，積極地參與這場遊戲，成為遊戲中的一份子。否則，無論我們每天唱多少遍《感恩的心》，做多少遍這首歌的手語，喊多少遍「顧客就是上帝，愛顧客如愛家人」的口號……只要依然無法做到對生命本身的臣服，那些就都只是流於表面的樣子功夫。

強大的感知力源于完全對生命臣服的態度，而那正是與宇宙建立起連接的唯一方式，也是它讓我們得以探尋到存在的源頭——無比純淨的愛。

臣服是一切的前提，否則我們所說的「愛」就只能欺騙自己或欺騙別人。

　　比如，我們可能會「顯得」很謙卑，可那種虛假的謙卑裡面沒有任何臣服與感恩之心，更沒有愛。也許那只是出於對權威的恐懼、抑或是諂媚、奉承和盲從。如果我們對自我的認知不夠清晰，對自我不夠誠實，奉愛就會變成一種虛偽和偽裝。

　　無論是瑜伽所講的奉愛，還是佛學所講的慈悲，我個人都認為那都是在教導我們回歸本心，明心見性。正如《金剛經》中，如來說：「若以色見我，以音聲求我，是人行邪道，不能見如來。」世人「應無所住而生其心。」

　　「佛」不是一尊像，也不是世人相傳的三十二相的色身。佛是「覺」——覺察、覺醒、覺悟個人清澈如水的本心；法是方法。佛法，就是覺察、覺醒、覺悟的方法。

　　佛是「無我」的狀態，但世人卻想「以色見」即「色塵」——眼根（視覺）所觸及的塵境；想「以音聲求」即「聲塵」——耳根（聽覺）所接觸到的聲波；想以「六塵」——色、聲、香、味、觸、法的境界見到佛，那怎麼可能發生呢？所以，如來就說這等同於走上了邪道，當然見不到真正的佛（如來、自性、無限、道、梵、光、神、耶穌、無我、空性、合一）了。我們可以用各種各樣的字眼來定義這個宇宙萬有的能量，但無論它被定義為什麼，虛空就是它，它就是一切。

　　薩古魯說：「無論是『神無處不在』還是說『一切都是同一股能量。』這只是以不同的方式表述同一個真相。」

當我們能夠真正從內在，而非從邏輯上意識到自己存在的卑微，意識到自己什麼都不是的時候，也只有在那時，我們才能感知到有關生命的一切，自然也就會知道其他人所無法想像的事情，因為在「無我」的狀態下，那清澈無汙的自性能照見萬事萬物。

如果我們悉心觀察周圍的一切，便會發現宇宙的神跡有多麼不可思議，它隨便玩一玩就處處充滿著智慧與驚喜。如果我們能夠感知到造物的本質，便會自然而然地成為一個虔誠的奉愛者，便自然而然地會對生命所經歷的一切生起感恩之心。此時，再去觀察萬事萬物——一片樹葉，一朵花，一隻蜜蜂，一隻螞蟻時，我們便會對宇宙（或造物主，或神……）及造物主創造的一切肅然起敬。

海邊的礁石成百上千年地被海浪拍打，它如如不動，比人更恒久、更堅固，我們不該對它心生敬畏嗎？百年的參天大樹見證著歷史的滄桑，我們不該對它心生敬畏嗎？樹幹上一顆長出來的種子，連土壤都沒有，只是因一個因緣便生根發芽，從此綻放生命，我們不該對它心生敬畏嗎？

一心只想透過燒香拜佛或做一些儀式來乞求神靈庇佑的人們，他們都不真正存有感恩與敬畏之心，那不是臣服，而是出於恐懼的一種利益交換的形式。當然，並不是說我們不可以去做一些形式上的禮儀，只是我們不能只依賴於形式，那不是真正的虔誠和奉愛，除非我們的內心自發地產生虔誠與相應的行為。

也許有些人覺得自己很無私，從來都沒想過自己，心裡滿滿蕩蕩裝著的全是孩子、孫子、另一半、父母等等。但是，

如果他們有足夠的覺知，就會對「他們仍是自私的」這一事實有所警覺。因為對於他們而言，如果沒有了孩子、孫子、另一半、父母，他們就沒法活。最終，他們還是為了自己。

當一個人心裡只裝著自己的時候，永遠不可能了悟他就是一切，他包含著一切，他創造著一切，他就是最高的生命能量──愛。我們隨時都在講愛，但愛不是靠嘴巴講出來的，只有懂得奉愛和感恩的人，他才會是有愛的，因為他本身就是愛。

1905 年，26 歲的愛因斯坦剛從大學畢業，在瑞士專利局擔任三等技師，利用業餘時間在一年內完成了 6 篇具有劃時代意義的論文，並提出了「狹義相對論」和「質能轉換方程式（E = mc²）。」他在 1921 年獲得諾貝爾物理學獎。

有一天，一位記者訪問愛因斯坦，想請他發表對宗教及神存在問題的看法。當時，愛因斯坦剛好送走一位客人。於是，他問記者：「記者先生，您是否知道是誰將咖啡杯等物放於此處的？」

記者答道：「自然是閣下。」

愛因斯坦接著說：「小如咖啡杯等物，尚且需要一種力量來安排；那麼您想一想，宇宙擁有多少星球，而每一星球均按一定的軌道運行無間，這種安排運行力量的即是神。」

他又說：「也許閣下會說：『我沒看見過，也沒聽到過神，那麼我如何相信神的存在呢？』是的，您具備了五感：視覺、聽覺、嗅覺、味覺、觸覺，但這五種感官是有其限度的，例如聲音，只有在 20 赫茲～ 20,000 赫茲範圍內的波長，人才能聽到。」

訪談的最後，愛因斯坦說到他相信「神」的存在。他說：「今天科學沒有把神的存在證明出來，是由於科學還沒有發展到那種程度，而不是神不存在。總而言之，人的五種感覺是有局限的，無法感覺出神的存在，科學也無法否認神的存在。因此，我們應該確信神的存在。」

　　他也曾在給女兒的信中，這樣寫道：

　　「在宇宙中存在著一種極其巨大的力量，至今科學還沒有探索到對其合理的解釋。此力量包容並主宰其他一切，它存在於宇宙中的一切現象背後，然而人類還沒有認識到它。這個宇宙的力量就是『愛』。

　　當科學家們探索宇宙時，他們忽略了這最具威力卻看不見的力量。『愛』是光，照亮那些給予和接受他的人。『愛』是引力，它使得人們彼此吸引。『愛』是力量，它把我們擁有最好的東西又加倍變得更好，它使人類不會因無知、自私而被毀滅。『愛』可以揭示、『愛』可以展現。因『愛』，我們生存及死去。『愛』是神，神就是『愛』。

　　此力量可以解釋任何事情，並賦予生命之意義。我們已經忽略它太久了，或許是因為我們懼怕『愛』——這宇宙中人類尚未能隨意運用的能量。

　　為了讓人類能瞭解『愛』，我在我最著名的方程式——$E = mc^2$ 中做了一個簡單的替換，如果我們能認可從『愛』乘以光速的平方而獲得的能量足以治癒這個世界的話，我們將會得出這一結論：『愛』是宇宙中最巨大的力量，因為它沒有極限。

　　人類試圖利用和控制了宇宙中的一些能量，然而這些

能量卻被用來毀滅自己。我們現在急需能真正滋養我們的能量。如果我們人類還希望存活下去，我們就應尋求生命的意義。如果我們還想拯救這個世界和這個世界中的生命，『愛』則是唯一的答案！

我們或許現在還無能力製作一個『愛』的炸彈，以消滅正在摧毀這個星球的仇恨、自私和貪婪。然而，我們每個人身上都擁有一個雖小但有威力的『愛』的發動機，這個發動機正等待發射愛的能量。當我們學會如何給予和接納這個宇宙的能量，我的孩子，我們將能斷言『愛』是無所不能的，它將超越一切，因為它就是生命的全部。

我後悔未能早些表達上述存於我心中的一切。也許現在道歉已遲，但時間是相對的，我還是要告訴你，我愛你，也謝謝你，我因你而得到了生命的最終答案！」

牛頓也曾這樣說：「從諸天文系的奇妙安排，我們不能不承認這必是全知全能的高級生命的作為。宇宙間一切有機無機的萬象萬物，都是從永生真神的智慧大能而來。」

萬物的源頭就是存在的本質，靈魂本就是充滿知識、永恆及快樂的，靈魂永遠知道它應該知道的一切。但是，如果我們無法意識到人類的局限與渺小；如果我們無法看清人性的自私與醜陋；如果我們無法坦然正視和接受自身的狹隘與偏見；如果我們還想找各種各樣的藉口來掩飾它們，那我們將永遠輪回於痛苦之中。

> 我們都知道夢是假的，
> 可是我們在夢裡卻相信是真的；
> 我們都知道現實是真的，
> 可是你怎麼能肯定這不是另一場夢境？

後記：夢與醒

我們是否曾問過自己這樣一個問題——每當夜晚睡著的時候，「我」在哪兒呢？每當做夢時，「我」又在哪兒呢？

每每伴隨著夢境中無比真實的感覺醒來之後，我們卻總對自己說「那只不過是個夢。」

大部分的人都會認為所謂「清醒」的狀態才是真實的。因為從小到大，我們都被輸入這樣一個程式——夢是假的，夢境中體驗到的感覺是虛幻的，只有清醒時的體驗才是真實的。

我們都對此確信無疑，因為我們依賴並相信這所謂的「經驗」。我們相信自己「看到」的這個「堅固無比」的物質世界，是唯一真實的存在。

然而，我們從來都是帶著意識進入夢境的，而夢境中也包含著意識，只是我們自己不知道。那麼，為什麼很少有人去質疑，我們憑什麼能肯定現在是醒來的，而不是睡著的？

尼古拉·瓦西裡耶維奇·果戈裡的小說《肖像》中的主

角就有雙重假醒的經歷。我也曾有過好幾次這種體驗。

所謂假醒，就是我們通常所說的夢中夢。我們做了一個生動逼真的、從睡眠狀態醒來的夢，但事實上我們仍舊在夢中。假醒後，我們可能還會對自己所做的夢有所記憶，還告訴自己剛才那只是夢，但直到第二次醒來後才發現剛才那還是一場夢，之前的那個醒來不是真的醒來。

那麼現在，我們憑什麼篤定自己不是依舊在夢裡呢？

電影《羅拉快跑》的開頭有這樣一段畫外音——

「人類，也許是這個星球上最神秘的生物，是一個無從解答的謎團。我們是誰？我們從何而來？去往何處？是怎樣知道那些我們自認為知道的事物？為何我們對一切都深信不疑？有無數疑問需要找到答案。一個答案將衍生出一個新的疑問，而下一個答案又將衍生出下一個疑問，如此循環不止。但最終，會不會永遠是相同的疑問？並且永遠是相同的答案？」

身處時空之中的人類，會不可避免地因為那些所謂的偶然事件而產生對自我和世界的懷疑。正如片頭畫外音所說，每個人都在和高更一起思考一個充滿奧秘的疑問——我們是誰？我們從哪裡來？要到哪裡去？怎麼確定自以為知道的是什麼？只是現代人類在受過教育之後，已經越來越少產生這些疑問了。

我們把夜晚或短暫的那份真實感稱作「夢」，把這場拉長到幾十年甚至更長的真實感稱為「現實」，難道它們不是一回事嗎？

也許有人會說：「它們當然不是一回事，夢是虛幻的、

假的，是不存在的，但現實是真實的。」

可是，夢與現實的經驗幾乎擁有完全一樣的感官體驗——夢到開心的事情，會笑；夢到悲傷的事情，會哭；夢到受傷了，會疼；夢到恐懼，會緊張；夢到生氣了，會大吵大鬧……我們一定都或多或少地經歷過笑醒、哭醒、疼醒、緊張醒或被吵醒的經歷。

夢境中的體驗和醒來後的體驗，都是感官體驗。唯一的不同之處，在於睡眠中我們的感官靈敏度會相對降低，但這並不代表感官體驗不存在。就好像打雷的時候我們會被吵醒；有濃煙的時候我們會被嗆醒；被什麼東西紮了一下會疼醒一樣。

夢中有天空、大地、花草、樹木、山巒、河流、房子、各種各樣的人、事、物，它和現實世界並沒有不同。甚至有些夢境真實到我們都無法明晰那究竟是一個夢還是現實。

也許有人又會說：「還是不同，因為夢裡的情節虛幻離奇，夢中常常會有不可思議的事情發生。」

然而，大千世界無奇不有，太多離奇和不可思議的事情只是我們沒有聽說也沒有見到，所以我們認為它不存在。可是，這種判斷就像我們說「因為陰天所以太陽就不存在」一樣站不住腳。

也許有人接著說：「可是醒來後夢就不存在了。」

是啊，夢不存在了，夢可能就只會短暫地在記憶中待一陣子甚至連印象都沒有，正如昨天和過去也已經不存在了，我們現在所感受的一切，下一秒乃至今後也將不復存在一樣，某些經歷可能會在我們的記憶中待一陣子，有些甚至連

印象都沒有。

也許有人又會說：「可是現實中的一切都是我現量所見，它們是存在的啊。」

沒錯，可是夢中的一切也都是我們現量所見，那又該如何解釋呢？

夢究竟是真實的還是虛幻的？夢究竟是存在的還是不存在的？

其實，「夢」與「醒」擁有完全一樣的真實感，它們沒有任何差別。但它們又都不是實有的，而是一種完完全全、空性的真實感。比如，我們做了一個夢，夢裡撿了很多錢，超開心，但醒來後夢消失了，可是那些感受還依然存在，還很真實。你說它是存在的，可是它消失了；你說它不存在，可是它卻真真實實地發生過，甚至感受還很強烈。這就是空性的真實感。

現實不也是如此嗎？所有的體驗和感受都很真實，但它們隨時都在成為過去式，這一刻的事情，下一刻就已經不存在了，但感受還在，這就是空性的真實感。

空性，並不是什麼都沒有，它既有也沒有，它既發生了也沒發生，它既存在也不存在。所以夢境和現實一樣，既是真實的，也是虛幻的；既發生了，也沒發生；既存在，也不存在。

頭腦喜歡玩邏輯的遊戲，因為這種刺激能滿足頭腦的欲望，它總是喜歡編織一些故事場景顯得好玩和豐富，於是，我們就對感官所感知的這個粗的物質現象的世界信以為真，相信真的有一個獨立於「我」之外的世界存在。

然而，感官存在著我們大多數人都不曾意識到的巨大的局限性，它感知不到更為細微的存在。一旦我們認同了感官，就認同了經驗。而經驗有著巨大的局限性。感官無法超越它所不能感知的，如某些聲波、光波等等。因為我們被局限在這個狹隘的認知中，所以相信眼前的這個世界是唯一真實的存在。

我喜歡觀察蜜蜂，它們永遠都在辛勤地工作，但它們不知道自己采回去的蜜大多都會被人類吃掉。它們自發自動地忙碌，自發自動地回蜂巢，它們以為在為自己奔波，可它們不知道在它們的視角之外，還有更高的視角在全方位地觀察著它們，掌控著它們，甚至享用著它們的勞動成果。

我們不也同樣如此嗎？如果我們無法站在更高更廣的視角，身處其中的自己是無法覺察到事物的全貌的。

然而若干年來，一代又一代人從小到大所受到的教育幾乎全部是顛倒認知的。很少有人被教導先瞭解事物的本質、自我的本質、存在的本質和宇宙的本質。人們忽略了一切本質去追求表象和幻象，卻以為那是真實的。其結果就是離真實越來越遠、離生命越來越遠，它的副作用就是煩惱越來越多，痛苦越來越多。

我們在定義上理解生活、理解生命、理解愛，我們依據定義，像個被設置好的機器一樣自動地做出各種反應。我們所有的一切都脫離了事物真實的本質，可我們卻從未意識到這一點。

我們都喜歡美夢，不喜歡噩夢，但我們無法讓夢按照自己的意願發生，也無法決定夢從什麼時候開始，又將在何時

結束，正如現實生活一樣。

　　心有很多個層面，在某個層面，它一直不斷地造作，而在另一個層面，它始終安靜如初地觀察這一切的發生。我們很少人會意識到前者，更少人會意識到後者。在大多數人的認知裡，「意識」這個詞，似乎是大腦的一種產物。而事實上，存在，就是純粹的宇宙意識能量。

　　早在 1963 年，英國著名的醫學家、諾貝爾醫學獎得主約翰・艾克理爵士就提出：「聯繫神經細胞並存在於它們中間的那些無色、無形狀的東西就是意識。」他還說：「在人的身體內，確實有非物質的心識、意識，或者叫做心力的自我這種東西隱藏著，在胚胎時期或極年幼時，這種『自我』就進入到人體內的大腦中。它能操縱大腦的一切功用，就像人腦掌控電腦一樣。人所擁有的這種無色、非物質的意識，可以指揮、控制屬於血肉之軀的大腦，它能讓大腦的相關神經細胞從事在它指令下的具體工作。這樣的非物質形態的『自我』或心識，在大腦死亡之後依然存在，並仍擁有生命活動的型態，而且可以永生不滅。」

　　諾貝爾獎獲得者、著名腦科學家艾克爾斯教授也曾提出：「精神或自我意識精神像物理世界一樣，也是獨立存在的實體。雖然居住於大腦中，有其依賴大腦的一面，但本質上並不具備物質性，實是一種有實體結構的東西。」他還認為人死後意識也隨之斷滅的觀點沒有任何成立之理由。在他與著名哲學家卡爾・波普爾合著的《自我及其大腦》一書中，有這樣的闡述：「主觀精神世界是在進化的特殊階段由物理世界中產生出來的，其與物理世界一樣，是一個實在的

世界，不能看作是物質世界的副現象，也不能還原為物質現象。」

英國牛津大學著名的生理學家查理士·謝靈頓爵士也這樣表示：「在人的血肉軀體中，有一種非物質的『自我』存在，它能控制人的大小腦。」

弗拉·曼寧在其著作《死亡極其奧秘》中揭示：「心靈自有它的靈智，而且心靈是整體的，獨立的，所以也是不滅的。」

諸如此類的科學研究報導數不勝數，我無法在此一一羅列。這一切都無一不在告訴我們，科技飛躍的今天，人類對於生命科學的研究正處於剛開始的探索階段。然而，關於生命科學的智慧，則在幾千年前、甚至上萬年前便早已存在了。

我們作為宇宙生命中的一份子，對它知之甚少。不僅如此，我們甚至還停下了繼續探索生命的腳步，滿足於目前所知的一切。

「小我」頑固地堅持只有自己眼見的才為真實、才感可靠，除此之外的任何現象、事物都不存在。正是這種「癡」造成了「小我」的各種痛苦。除非「小我」能夠意識到所有一切都源自空性，正如夢中我們想要努力改變某件事物，但卻是徒勞的一樣。否則我們就會陷入邏輯的陷阱痛苦不堪。

倘若「小我」能繞過頭腦邏輯的陷阱，便會洞悉一切都只不過是「大我」——宇宙無限能量的創造。

所有的一切，都不過是「無限」自娛自樂的產物。甚至那些我們自認為所做的一切「努力」，實際上都只不過是「大

我」的作為。如果洞悉了這一切，那麼對於我們平時最緊張的這個身體軀殼，也就不會那麼執著、那麼在意了。畢竟，它只是我們用來暫時借住的「房子」，我們遲早都要離開它，我們也遲早都會有下一個用來借住的房子。

像觀察夢境一樣深入仔細地觀察眼前這些所謂的現實，觀察這個由「光與影」所構成的一幕幕畫面，我們便能漸漸了悟眼前這一切都只不過是自我意識投射的產物。意識隨時在變，畫面也自然不停地在變。慢慢地，我們就會發現，「我」和外界並沒有不同，「我」既是它，它又是「我」，「我」變了，它也跟著變。「我」和它從來都是一體的、完整的。

當我們能深刻地體悟到這一點時，就不會再去執著任何人、事、物。否則，我們看上去就和玩大富翁遊戲的孩子們一樣——把遊戲中的那些遊戲幣當真了，把那些假房子當真了，把自己在遊戲中所購買的那些財產當真了，有時甚至還會為此而起爭執。很幼稚、很可笑，不是嗎？

我們總是缺乏換位思考的能力和更宏大的視角。當我們知道並相信有更高的力量和更高的維度時，再看當下發生的一切，就會和看孩子們玩大富翁遊戲一樣，都成了一個個鬧劇和笑話。

所有這一切，就好像我們在形容天空是藍色的，但是，並不真正存在一個實質的天空，也沒有什麼藍色。因此，也就沒有必要去在意究竟是「夢」還是「醒」了，因為那只是個概念和定義。並沒有什麼真正意義上的「睡著」或「醒來」；也無須去執著那所謂「夢中」或「醒來」的一切，因

為它們都是空性的，似有還無；更不用執著自己究竟是「做夢者」還是「清醒者」，因為最終都是一場「空性的遊戲」。

我們永遠無法透過頭腦的邏輯推理去理解「存在」本身，因為超越頭腦的事物永遠無法透過頭腦邏輯被理解，正如超越科學的事物無法被其所驗證一樣。我們只能去觀察、去體會、去感悟。總有一天，我們便會與真正的「大我」不期而遇，我們會感受到那不可思議的、被祝福的花瓣散落在我們身上，並感受到神聖的「恩典」。

「一切有為法，如夢幻泡影，如露亦如電，應作如是觀。」這是如來所親授的智慧與方法。也正如瑜伽行者的教導——「我們自己的古魯正在透過我們的雙眼向外看。」只是單純地看，便能看破，放下，得自在。尤迦南達說：「神的光與影，就是我們的實質。存在唯一的目的，就是回到光束那裡。」

那便是絕對的自由，再沒有任何東西能束縛我們。

作者介紹

　　作者：張瑞彬（一人一世界）。用心理學治癒自己的瑜伽占星者。

　　十二歲父母離異後，與患有多重人格障礙的母親共同生活。十七歲那年，因無法忍受母親所謂的「愛」而自殺未遂。

　　從絕望自殺到重獲新生，在從未獲得任何外界幫助的情況下，那是一段極為痛苦和艱辛的歷程。在她人生的前三十多年裡，幾乎每一天都在煎熬中度過，唯一支持她走下去的信念，就是「尋找答案」的決心。

　　最終，她透過自己的「人生工具」漸漸走出心理陰霾，不僅徹底治癒了自己，也完全接納了母親，並成為她的「心靈療癒師」。在此過程中，她不斷地將自己的經歷、體會、心得與感悟透過網絡分享出來，並幫助有需要的人們重獲心靈的自由。

　　本書記錄了作者三十多年來的心路成長歷程和命運改變的軌跡。

Blog： heartroad.org

E-mail：ruibinzhang618@gmail.com

作　　　者	｜	張瑞彬
書　　　名	｜	每個生命，都是一顆璀璨的星
出　　　版	｜	超媒體出版有限公司
地　　　址	｜	荃灣柴灣角街 34-36 號萬達來工業中心 21 樓 02 室
出版計劃查詢	｜	(852) 3596 4296
電　　　郵	｜	info@easy-publish.org
網　　　址	｜	http://www.easy-publish.org
香港總經銷	｜	聯合新零售（香港）有限公司
出版日期	｜	2022 年 7 月
圖書分類	｜	心靈勵志
國際書號	｜	978-988-8806-00-3
定　　　價	｜	HK$78

Printed and Published in Hong Kong